社會學專題研究

U0152393

森
青
文化

代著暴露

女性原罪論

黎松齡 著

《小心女人》及《女人小心》姊妹作

目錄

文章系列——開卷語

「雲想衣裳花想容」，愛美之心，凡女人皆有之。這是天性，舉世皆然。「美」是一種無法抗拒的誘惑，是女人一生的事業，也是女人畢生的追求，是故終其一生，女人為外表鎮日折騰自己，仍樂此不倦，也永不言休！

對任何一個女人來說，衣服能蔽體，能遮羞，亦能禦寒，更能炫美。衣服是個人身份的象徵，也是品味和財力的體現，是以光顧時裝店和百貨公司的女人比男人多。她們總覺得衣櫃裡永遠缺少了一件最稱心的衣服，因為心中最「酷」的另一件，還在外頭一直在等待她們！

衣服是生活的必需品，因為每個人活著都離不開衣服。但人為什麼要穿衣服？這個問題看起來很簡單，可實際上卻相當複雜。要回答這個問題，我們得先把「衣服是用來保護身體」這個恒常功能性的觀念暫時拋開，重新審視一下我們的衣裝。

今天，愈來愈多的女人開始喜歡暴露。在一定意義上，是女人用肉體、用美色、用性感來挑戰男性霸權。女生當然喜歡被讚美，喜歡被男生多看幾眼，總想給人賞心悅目的感覺。可衣著暴露卻肯定不能跟性感劃上等號，過分的暴露只會破壞性感的最佳狀態，有時反把人顯得低俗。

要知道，女人的性感分兩種：一種是通過身體的暴露和挑逗的姿態來吸引異性，這是性感的最底層次和最普遍的表現形式，讓旁人感覺性感就是身材火辣、三圍凸出。另一種是若隱若現，讓人遐想聯翩，這類女人的性感是打從骨子裡散發出來的，讓男人一見傾心，引發出強烈慾望。這種性感跟衣著暴露、矯揉造作、搔首弄姿、言語輕佻，完全是兩碼子的事。

　　隨著時尚和潮流的步伐，露乳、低腰、露背、露股的著裝風格開始泛濫。女生真的需要這樣子穿嗎？衣著暴露為的是什麼？女生該怎樣正確認識這個問題？對她們來說，「露」好像就是性感，也似乎就是潮流。可心理專家認為，「露」也要分場合，在大街上衣著暴露，不排除潛意識是為了吸引別人的注意，況且女性衣著暴露也有可能招致性侵的後果。

　　在過去，女人穿衣不會露臍、露腰、露胸，甚至連胳膊都不會輕易露出來。誰要是穿著暴露，誰就會被視為不守婦道。可現今要是有誰膽敢支持這個說法，準會被視作是上古人物！在社會的自由度一再放寬下，女人可以盡情展示身體的曲線，能凸出的部位絕對不會給束進去，能翹起的也絕對不會給縮回來。難怪每年夏天地鐵車廂裡，總有多起女生被騷擾、被揩油的案例，可見過於暴露的衣著的確起到了性挑逗的作用，正是有因必有果！

別忘了，今天穿起西裝革履的男人，內心多少還保留著蠻荒年代的原始野性，以至當女生穿著性感、招搖過市的時候，所吸引到的往往是那些帶有侵犯性的目光。一些低胸低腰的著裝，讓女人性感部位呼之欲出。有些女士穿著短裙，坐著時卻不注意保護自己的隱私，以至春光乍泄。可見在男人對女人性騷擾仿佛已成定論的同時，女人穿著暴露，也無疑對男人同樣造成一種視覺上的性騷擾。

當穿衣成了習慣，人們的羞恥感便出現了。不論男女，隱私或私密的身體部位，要是被別人看到了，都會在心理上引起不舒服的感覺。所謂隱私，自然是自己不願讓別人知道或看到的事物，例如屬於個人的生活私密，如兩性關係、在床上的親密片段、上衛生間的一舉一動等。隱私一旦被公開，就會給當事人帶來極大的心理壓力和苦惱。

對女人露多露少，男人都能在不同程度上去詮釋，結果要扭轉男性對女性穿著暴露的成見，也就變得非常困難。甚至一些女性也接受了男性這樣頗為偏頗的見解，認為穿著性感就等同「意識不良」，也就是「犯賤」！心理學家研究發現，一個穿著較少的女人晚上獨自外出，遇上危險的機率比普通女性高出 40% 以上，是以凡事都要講究尺度和分寸。為了追求美、追求關注，過度的暴露就不再是美了！

如今的暴露在過往是走光！其實，胸圍和內褲不就是為了遮掩乳房和下體，以免引起不必要的性衝動嗎？矛盾

的是，女性一方面極力避免走光，另一方面卻用各種方法去提高自己的性魅力，例如塗紅嘴唇和指甲、化半濃不淡的妝容、抹香水、穿高跟鞋、迷你裙、魚網絲襪⋯⋯她們之所以這樣做，就是要通過這等方法，去謀取非「性」方面的好處。

很多女性穿著暴露，甚至真空上陣，難道她們不知道會走光？答案當然不是，她們是蓄意而為之！凡女人都知道，當她們穿很多的衣服，只露出身上那丁點肉時，男人的眼光自然會被吸引過來。當女人全身只穿比基尼時，男人的眼光反不注視那大片露出來的肉體，卻只盯著那一小塊布遮著下體的地方。難怪國學大師林語堂先生曾一針見血的說：「女人在切身利益方面，取得了長足的進展，在一定程度上幾近男女平等，但在不切己的權利方面，半點進步也沒有。」到處泛濫的半裸或全裸女性照片，正好說明這一點！這正是男女不平等的標誌，什麼時候這些照片全消失了，男女才能算真的平等。

數千年下來，男權社會要女性遮掩身體，皆因暴露一直被視為大逆不道，這點東西方皆然。婀娜多姿的女體，性感誘惑力之強，想必連道貌岸然的君子也難以無動於衷。男人能真正做到「坐懷不亂」，也只是他們的行為，不是心理，更不是思想！就連先哲也只管「非禮」的「勿言、勿聽、勿視、勿動」，而不管「勿思、勿念、勿想」，只因他們知道，這根本就辦不到！

正因我們沒法滿足於自己身體原本的樣子，故此總要費盡心思去加工和改造。在過度關注自己身體表面的狀態下，女人愛照鏡子，只因愛看見鏡中的自己——穿著和妝容得體，讓自己感覺良好，是以女人一向比男人更重視儀容。要研究女人因何愛展露肉體，我們便得從人類進化史和人類社會發展歷程來追本溯源。

這本《衣著暴露——女性原罪論》，是本人近十年內繼《小心女人》及《女人小心》後的新作，全書24章，每章幾近四千字，合共九萬餘字，於2021年6月至12月新冠肺炎大流行期間，閉門在加拿大多倫多家中，用六個月時間完成，每日伏案書寫及閱讀十餘小時，其間涉獵了不少中、英、法文的參考書和有關資料，以致未便一一盡錄。

本書研究內容橫跨社會學、心理學、訓詁學、病理學、考古學、人類學、動物學、遺傳學、古人類學、進化生物學、面相學、神學、宗教及道德倫理、中外歷史等多個學術範疇。除介紹多位知名度極高的國際學者外，更將他們研究的心得和理論，簡明扼要地介紹出來，很值得本科班的大學同學作為參考之用。此外，這書也可以是一本增長性教育知識的輔助教材。

書中有多篇文章，觸及的問題鮮有學者談及，例如：衣著暴露跟「女性原罪論」有何關係？人類的先祖因何裸露了100萬年？人類赤裸的身軀為何要穿上衣服？發情期

中的雌猿為何要遮掩下體？人為何會因裸露私處而感到羞恥？雌猿為何故弄玄虛要隱去發情期？化妝和衣裝背後有何「性」動機？化妝為何是女人在容貌上的同性競爭？男人擇偶為何首重外形和性表徵？烈焰紅唇到底要告訴男人些什麼？隆起的乳房只是為了要酷似臀部？男人為何總被女人的胸脯所吸引？女人如何藉乳房向男人發送性信號？人類的雌性為何總比雄性漂亮？服飾如何成為性誘惑的主要載體？……

由於書中文章題材頗為敏感，論調也較為前衛，可能並非部分女權人士所能接受。一些人體私密之處，其生理學名詞因無可避免地會被提到，亦可能會引起部分讀者不安和反感，感到面紅耳赤。為此，本人希望能在此開宗明義的清楚說明，絕無冒犯任何女性的尊嚴之意，或替男人找個冠冕堂皇的藉口來作說詞。

另一方面，為求流暢、簡潔，書中文字盡量保持清新優雅，文采與感性並重。此外，用辭用語方面，亦盡量避免過於文縐縐。話雖如此，有些話題即便本人有意點到即止，下筆時仍每每感到難以逾越或規避，以至時有「明知故犯」之感。倘有此種情況出現，實乃情非得已，還望仁人雅士見諒則個。

本人寫作多年，向來喜用四字詞語及成語，以至幾成個人風格，喜愛與否，只能任憑讀者的接受程度。此外，本書雖結集了不少中外研究報告，以及各主流門派的學說

和理論，內容卻盡量保持通俗、易懂，避免冗長而流於學術研討。尤有進者，每篇文章每段精闢之處，均以粗體旗幟鮮明地顯示出來，好讓讀者能快速找到與主題相關或精彩之處。

本書全部文章在刊印成書前後，曾每隔一週在 2022 至 2023 年間，在加拿大多倫多《地產週刊》本人專欄中發表。此外，亦曾圖文並茂的以電郵分送散居世界各地百多位長期追捧的粉絲。對他們寶貴的意見和回饋，本人特表深切謝意。最後，對負責編輯、校對、封面設計的紅出版社員工，本人在此亦一一致以萬二分的感謝。

黎松齡

2021 年 12 月 21 日 多倫多

1.
衣著暴露跟女性原罪論有何關係？

引　言

亞當的妻子夏娃，其名字在希伯來語中，具「生命之源」的意思。此外，夏娃的讀音，跟「蛇」很相近，可見蛇和夏娃彼此有難以撇清的關係。

根據舊約聖經《創世紀》所載，上帝造人，賜亞當和夏娃榮耀和尊寵，滿身澤披神的榮光。這榮光就像一件不透明的袍子，遮蓋著全身，讓他倆看不見自己赤裸的軀體，以至不覺羞恥。上帝曾對他倆說，伊甸園內任何一棵樹的果子都可以吃，唯獨「分辨善惡樹」上結的果子不可吃，否則他們便會死。

其後夏娃受魔鬼化身的蛇所誘惑，說吃了「分辨善惡樹」的禁果後，他倆的智慧便會增長，耳目變得比從前聰敏，更能明辨善惡。夏娃聽信了魔鬼的話，摘下了禁果來吃，又叫亞當吃了，神的榮光頓時從他倆身上消失，兩人的眼睛隨即明亮起來，赤裸的身軀原形畢露，讓他倆感到羞恥。他們只好拿無花果樹的葉子，替自己編作裙子，把自己的下體圍起來。

從上文所述，可知自亞當和夏娃偷吃禁果後，便有了羞恥心，從此告別「衣不蔽體」這一狀態，轉而要穿上衣服，這就是在宗教意義上人類「穿衣的起源」。自此人人都穿上衣服，要是有人脫下衣服來，任誰也能看見他或她赤身露體。我們不難看出，「衣服」自始成了「遮羞布」的同義詞，其最基本的功能也就是「蔽體」，能將別人的目光跟自己的赤軀隔絕開來。如此說來，衣服也就成了一種屏蔽和遮掩之物，不意卻成了我們身體的額外負擔和另類的累贅。

　　從神學層面上來看，「蛇」這種爬蟲類動物，是最為頻繁出現的一種象徵。牠所代表的意義也極為廣泛，諸如原始力量、宇宙力量、深度智慧和偉大奧秘。牠是生命之泉的守護者，具永恒不死之身；西洋醫藥界就以雙蛇交叉盤旋在一根木杖上作為標誌。蛇也是慾望、誘惑、凶狠、奸險、陰謀和邪惡的代名詞。最佳的代表作就是伊索寓言裡《蛇與農夫》的故事，以及古希臘神話中的蛇髮女妖美杜莎（Medusa）——她美艷得不可方物，男人的目光不可能不被她所吸引，只要看上一眼，就會馬上變為石像！我國古代神話故事中的女媧，相傳也是一條雌蛇，牠用黃土和水造出了一個個小泥人，成了今天我們這些炎黃子孫。

　　另一方面，從我國四千多年前倉頡造字裡，有學者找到一些漢字，跟亞當和夏娃偷吃禁果這事不謀而合，不過是否純屬巧合，也就不得而知。例如「禁果」的「禁」字：其上的「林」，代表兩棵樹，但未知所指的是否就是伊甸

園裡的生命樹和分辨善惡樹。這個「禁」字其下的「示」字，亦即衣字旁，其部首為「礻」，代表「神」，卻未知指的是哪個神。中文「示」字旁的字，有：神、祈、祀、禍、福、祠、祉、祖、祇、褅、禪、祐、祥、祆、祭等，都是與神靈有關的文字。故「禁」字意指神禁止人碰觸那兩棵樹，單是這點就幾無疑問了。

另「貪婪」這一名詞中的「婪」字，也就是「雙木」下面加一個「女」字，說明夏娃面對那棵長著禁果的樹時，給魔鬼化身的蛇所引誘，說吃了禁果後，便能跟上帝一樣擁有分辨善惡的能力。夏娃沒多明辨是非對錯，竟信以為真，就貪婪地把果子摘下來吃了，又給她丈夫亞當吃了。

又例如「裸」字，說明亞當和夏娃吃了禁「果」後，才知道自己赤身露體，感到羞恥，便拿無花果樹的葉子，為自己編作裙子，穿在身上，成了我們人類最原始的衣服。「裸」字左邊從「衣」或「神」，右邊則從「果」，也就是「神、衣服和禁果」這三者，竟出現在同一個字裡，彼此互有關聯，其理不言而喻。不過，造字的人是否早已洞悉內情，又或是否字裡暗藏玄機，我們不好胡亂猜測，只能留待訓詁學的專家們再深入研究，方能定奪。

在亞當和夏娃偷吃了禁果後，即便其後聽到神的呼喚，他倆也愧於面對，只好在園裡躲起來。當神知道他倆吃了那棵分辨善惡樹的果子，便對夏娃說：「我必多多加增你懷胎的苦楚；你生產兒女必多受苦楚。」這是多麼令人驚悚的一個咒詛！而且從「懷胎」到「生產」的整個過

程，神一再聲言女人定必痛苦難當。果不其然，後世的女人在生育時都必歷經莫大的痛楚，這全拜她們的原祖所賜。據信「痛苦」這個詞或它的某種形式，在聖經經文中先後出現不下70次。第一次使用這個詞，是在《創世記》3:16，是直接指出女人分娩時疼痛的源頭。

出於懲罰，上帝最終把亞當和夏娃趕出了伊甸園。作為整件事件的始作俑者，夏娃自然成了罪魁禍首。她不僅聽從了魔鬼一面之詞，率先偷吃了禁果，復把吃過了的果子隨手遞了給亞當，而他竟毫不猶豫的也吃了。其實，亞當當時起碼有兩個理由不吃那個果子的。一是出於對神明的遵從和敬畏，二是對死亡的恐懼，可是他卻二話不說的就張口吃了。他的順從、被動和毫無主見，折射出夏娃在整個事件中的主動、貪婪和背叛。她的過失遂成了人類罪惡的根源，也就是「女性原罪論」最早的源頭。不過，上帝要夏娃擔當這一角色，可說選對了人。女人一向耳朵軟，愛聽別人讚美的說話，更易受別人調唆擺佈。是以順理成章，她最終墮入別有用心的人預設的奸計裡。

一直以來，人們以「禁果」來比喻一些很想做但明知不該做，或做了會受到懲罰的事。人們更常以「偷食禁果」來比喻年輕男女之間的婚前性行為，可算是該詞一種錯誤的使用方式。另一方面，《聖經》中並無明言禁果是什麼水果。在西歐，人們通常認為是蘋果。猶太教教義則另具不同的詮釋，認為禁果可能是葡萄、無花果、香櫞（一種柑橘類果實）或石榴。

根據偷吃禁果此一事件，天主教認為人自出生的那一刻起便有罪，這種罪是無法消除的，而且是代代相傳，永無休止，也就是「原罪」。原罪的存在將人類和上帝隔絕，使人類終生受苦，不得解脫。可聖經裡卻從沒出現過「原罪」、「罪性」或「原罪論」等字眼。很明顯，原罪這個概念並非來自聖經的教導，而是出自 4 世紀時古羅馬帝國的一位神學家奧古斯丁（Aurelius Augustinus 354~430）。他認為只有相信為世人承擔罪孽的耶穌基督，人們才能把自己從原罪中拯救出來，死後才能升天堂。這個原罪論的說法，至今在西方社會中，仍具影響深遠的道德警示作用。

　　天主教教義中有所謂「七宗罪」，或稱七大罪或七原罪，是對人類各種惡行的分類，一般是指：傲慢、貪婪、色欲、嫉妒、暴食、憤怒及怠惰。這等惡行，自是不分男女，人人都可能犯上。惟獨女人的善變，卻是男人的倍數，更非人們能以常理度之。男人常常頭痛不已的，是不知道女人心裡在想什麼，導致行為上跟男人很不一樣。女人生來就是感性的動物，故有哲人曾說過：「不要試圖從性格上去改變女人，因為這幾乎是不可能的事。」女人的多變常伴隨著多種負面情緒，例如：小氣、嫉妒、長舌、善猜疑、愛暴露肉體、目光淺窄、貪慕虛榮、自我中心、愛爭妍鬥麗、愛貪小便宜、愛使小性子、愛聽甜言蜜語……

　　在人們的認知中，虛榮在女人心中活像流感一樣無比流行，卻難以根治，病情一旦惡化，則危害性極大。只是女人的虛榮屬不自覺心態，見於內而形於外，基本上無法

免疫。女人的小氣，也就是吝嗇、氣量小、胸襟狹隘的統稱，同樣善變多端，變異之後往往不是走向極端，就是無原則的退讓，例如撒手不理或放棄，極端或變本加厲起來足以害己害人，以至兩敗俱傷。

我們試舉一個常見的例子來加以說明：現今社會中，每當一個女人受到性侵犯時，人們總會下意識地判斷，受害者定是年輕貌美兼體態撩人；又或揣測她當時要不是衣著暴露，就是行為不檢。要是事後發現以上揣測全對時，人們就理直氣壯、振振有詞的對自己或旁人說：「她穿成這個樣子，還不是犯賤，自找苦吃？活該！」這種罪有應得的成見，就是女性原罪論的一個典型表述。

「受害者原罪論」，在上世紀 60 年代由美國社會心理學家梅爾文勒納（Melvin Lerner）所倡議。他指出在這類事件中，人們總愛將罪責委過於受害者身上而非加害者。這些人奉行的信條是「蒼蠅不叮無縫的蛋」、「一個巴掌拍不響」、「可憐之人必有可恨之處」等說詞。現實是，大部分受害者卻未必是因衣著暴露而引致如斯下場的。但仍不乏有人認為，穿著暴露、煙視媚行或以色相示人就是不對。這些「污點」就成了這些人眼中的「罪證」。

「女性原罪論」其實是針對女性的一種潛意識的道德審判，試圖通過一些刻板的印象，來判斷一個女性是否衣著端莊。要是不幸的事情真的發生了，這就意味著這個女人要自我搜證、給自己證明清白。她的著裝、言行是否導致涉嫌犯違法的誘因。「為什麼他不找別人而找你？」、

「你穿得這麼少，活該被人騷擾！」諸如此類的觀點，不僅是對女性的鄙視，更對受侵害的女性造成二次傷害，讓她誤以為這是自己應得的報應，以致更加深了自己的罪責感，從而保持緘默，讓犯罪者更易逍遙法外。

我們不妨想一想：印度的女人穿得夠嚴密了吧？中東的女人更由頭蓋到腳，包得跟粽子無異，可結果呢？換來的是高踞不下的性侵率，比起歐美國家還要高出好多倍！由此可見，穿著本質上跟性侵不可能完全劃上等號，關鍵在於中東和印度的女性地位低下，權益保障未到位，以至遭到侵犯時還要被人指指點點，真的可憐又可嘆。基本人權尚且如此，國家談何進步？

早年英國女性地位還不高的時候，女人露出腳踝（小腿至腳踭部分）會被視為「蕩婦」。她們到後來方許露出小腿，再到後來才可露出膝蓋而不受非議。直至後來女權運動的到來，女性衣著的縛束才得以結束。至此，穿衣自由換來了一波又一波的時尚穿著。女人要怎樣穿，穿多穿少，不再是別人辱罵的藉口，更不能成為暴力傷害的辯解。

2.
人類的先祖因何裸露了 100 萬年？

引 言

人類早在 120 萬年前就褪去了裹著全身的長毛，可一直到 17 萬年前才穿上衣服。換句話說，在衣服出現前的 100 萬年裡，我們是名符其實的「裸猿」！

在地球上，除了少部分地區外，大多數的地方都有一年四季之分。然而，無論是在悶熱的夏天，還是嚴寒的冬天，所有動物都不用穿上衣服，只有我們萬物之靈的人類，需要根據不同的氣溫，改穿上厚薄不同的衣物，用以遮擋驕陽的暴曬，或抵禦刺骨的寒風。更重要的是，要用衣服來給我們遮羞，這究竟是怎麼的一回事呢？

1,000 萬年前的非洲，最先出現某些原始人（Hominin 或稱類人猿），俗稱為史前古猿。這些史前古猿是我們人類的先祖，也是現代大猩猩和黑猩猩的原祖。牠們全身披著長毛，以樹葉和果實為食，並在樹枝上棲息，以逃避地面上的捕獵猛獸。

至距今 800 萬年前，非洲東部發生了地殼上翻天覆地的巨變。持續不斷的地震和火山爆發，讓延綿千里的山脈

隆起，引致非洲大陸開始分裂，繼而脫離歐洲大陸板塊。從非洲東北方的埃塞俄比亞，到東南方的莫三鼻給，出現了一條大峽谷。在大峽谷的西部，高聳入雲的山脈，擋住了大西洋的潮濕空氣，使峽谷東面的降雨量急劇減少，以至大面積的森林逐漸消失，地表成了一片廣闊平坦的草原，河流湖泊反變得異常稀少。

可大峽谷以西的原始森林依然存在，並未因這次造山運動的巨變而受影響，食物仍算充裕，讓當地的史前古猿，依然生活無憂。牠們經過一段長時間的演化，逐漸成了今天的大猩猩、黑猩猩和狒狒。相反，生活在大峽谷以東的史前古猿，卻面臨生存危機，僅能靠少量的食物，艱苦度日。牠們因而不得不改變生活方式，以圖苟延殘喘。

直至大約 240 萬年前，這一大群給困在非洲東部地區的史前古猿，才逐漸的演化成最早期的人類──「能人」（Homo Habilis）。礙於非洲遼闊的平原、沙漠，以及海洋的阻隔，牠們長久以來一直被困居原地，無法走出非洲大陸，只能繼續演化下去，因為要不這樣做，牠們就只能束手待斃，可見人類得以進化，全拜當時惡劣的環境與氣候變遷所引致。回想我們人類的祖先，當年是如何不屈不撓的跟大自然展開了生死搏鬥，過程是何等的可歌可泣！

到了大約 120 萬年前，懂得用兩條腿來走路的「直立人」（Homo Erectus）開始出現。牠們的腦袋容量增大，逐漸有了自我意識，開始懂得生火煮食、取暖和照明，以及製作和使用簡陋的工具，更組成社會群體，在陸地和海

岸一帶遷徙，逐草而居。

　　當時由於整個非洲大陸橫亙在赤道正中，地處其上的區域屬熱帶雨林氣候，邊陲地區則屬熱帶沙漠氣候，是故終年酷熱。生活其間的動物，都得面對「散熱降溫」這一共通問題。但不同的動物採取的對策卻不盡相同，例如獅子會避開烈日當空的正午時間去捕獵，改選擇在清晨和黃昏時段才整群出動。花豹奔跑速度雖快，但為了避免體溫上升太高而昏厥，往往在短程全速追捕獵物不果後，就會主動放棄，以求自保。

　　面對同一境況，古猿採取的策略是褪去體毛，以便快速排汗。裸露的皮膚讓其下的汗腺，快速排出汗水來降低體溫，古猿因而可以在正午時分狩獵，免除了受大型猛獸的干擾和競爭。為了避免猛烈的陽光灼傷腦部，古猿還是保留了頭髮；腋下則保留腋毛，以便追捕獵物、運用雙臂時能減少腋窩的磨擦。眼眉毛也給保留下來，用以阻擋額頭上的汗水往下流入雙眼內。為了保護眼眶免受風沙、塵埃等異物入侵，上下眼瞼的睫毛同樣沒給褪掉。最後只餘下陰毛，則是為了性交時增加快感，以及防止磨損生殖器官。

　　在整個動物界中，人類屬超級捕獵者，然而跟動物界中頂級捕食者相比，人類的「裝備」可算異常簡陋。我們既沒有獅子鋒利的爪子，也沒有獵豹的速度，更沒有鬣狗吻部上下顎強而有力的咬合力。但人類有一個獨一無二的優點——除了擁有一個大腦袋外，我們還是「長跑」冠軍。

憑著馬拉松式長途接力追趕方法，人類能將獵物累到筋疲力竭，直至倒下為止；又或運用智力，驅趕獵物墮入陷阱或墜下懸崖。在非洲，這類捕獵方法一直沿用至今。

　　人類既然早在 120 萬年前就已褪去體毛，直到 17 萬年前才穿上衣服，這豈不是說在褪去體毛之後，到穿上衣服之前的 100 萬年裡，人類是名符其實的「裸猿」？之所以在這 100 萬年間人類可以不用穿衣服，主要得拜當時較佳的地理環境和較宜人的氣候所賜。

　　由於人類的祖先一直在非洲地區生活，儘管第四紀大冰期（即大冰河期）導致全球變冷，但非洲的溫度依然較高，即使不穿衣服也能存活。但到了 17 萬年前左右，就連地處赤道的東非也變得寒冷。幸運的是，這時的古人類經已懂得將狩獵所得的動物皮毛保存下來，當作禦寒衣物來穿上。

　　再加上人類這時已學會了使用火來煮食、保暖和照明，讓他們能在這場大冰河期中倖存下來。在其後的一段長時間裡，人類發現在動物幼小的肋骨末端鑽孔，能製成簡陋的骨針，因而逐漸強化了他們的縫紉技能，讓衣服的縫製愈來愈得心應手，更能滿足人們各自不同的需要。

　　作者本人很早就留意到，無論是在中、西方，絕大多數的女人把手指伸直時，小拇指（尾指）總是獨自偏離無名指，可男人的小拇指卻大多跟無名指連在一起。作者推測這可能是千百年來女人拿起針綫來縫補時，翹起尾指來把綫拉直所造成的結果。相書說女人尾指不跟無名指靠

攏，意味無多大「子女緣」，事實是否真的如此，有子女的女讀者大可自行求證。

話說回頭，在其後大約 7.5 萬年間，因氣候以及環境的慢慢好轉，人類最終穿起衣服走出了非洲，從而首途進發，前赴世界各地，並演化出不同的人種，成了今天的非洲人、亞洲人、歐洲人……他們的膚色不一樣，卻是同一物種，前後繁衍了五萬代，一代一代的承襲了先人給他們遺留下來的風俗和習慣，知識和技能。

在進化過程中，人類臉上的鼻子由原先的扁平狀，發展到現今凸出的結構，主要是由於面部其他五官的變化而產生的結果。當我們的祖先離開非洲向世界各地遷徙時，鼻子還沒有完全進化好。為適應新的氣候環境，鼻子遂向前凸出，鼻孔內長出鼻毛，主要是為了調節溫差的變化和阻隔空氣中的懸浮粒子和沙塵。

除了上文有關因天氣酷熱而要古猿褪掉體毛這個「散熱論」之外，時下還有幾個相關的熱門學說，其一是「性選擇論」，其主調聚焦於雌雄猿兩者的性接觸。因遍及身體主要部位的體毛給褪去了，讓性伴侶雙方在交媾時更能感受到性趣。雌猿雙乳之間的胸膛因存有虛位，為雄猿殘留的胸毛提供了空間，因而得以保留(註)**，以增強快感。另一方面，雄猿為了取悅雌猿，會更加主動愛撫和親吻對方，因而讓嘴唇上和下顎的鬍子給保留了下來。恥毛因長在磨擦比較劇烈的下體處，除保護作用外，也是為了給雙方增強性歡愉。**

由於面對面、一上一下的性愛體位愈來愈被普遍採用，讓雙方下體的髖關節等骨骼變得愈來愈靈活，最終促成了古猿直立行走。在選擇配偶時，體毛短的古猿有更大的機會給選上。由於交配的機會多了，牠們的後代便愈來愈多，最後只剩下褪掉了體毛的古猿得存活下來，也就成了我們今天的樣子。

第二個學說是「水猿論」。古猿靠近河流或湖泊棲息，一見猛獸來襲便逃到水裡去躲。在泅水時把頭抬高過水面，牠們發現在水中站立，挺直軀幹行走更為便捷和省力，雙手也可以給騰空下來加以靈活運用。很快牠們便懂得圍捕魚兒，和搜集水中貝殼類生物來充飢。豐富的水產給牠們提供了高蛋白質和營養，大大促進腦部發育，使牠們能製造及使用各種工具和武器。由於長期在水中生活，身體受陽光中有害的輻射線照射的部位減少了。為了提高游泳的效率，古猿身上的長毛便開始脫落。

由於動物身披濃密的長毛，會給各種寄生蟲提供絕佳的棲息環境，不斷的為宿主帶來健康隱患，體毛逾少的動物反沒這個煩惱。古人類的體毛是全身覆蓋的，故身上也只有一種虱子。可隨著體毛慢慢給褪掉，身上就只剩下頭髮和下體的恥毛了。加上這兩個部位的環境不太一樣，虱子最終也就演化成兩種不同的品種——頭虱和陰虱。生物學家曾根據這兩種虱子的基因序列，推算出人類褪去體毛的時間，大概發生在 120 萬年前。

由於當時的原始人仍處野生動物狀態，行為、思想仍以獸性為主導，「人性」似有還無。他們赤身裸體，生活方式跟眾多野獸一樣，比如隨處大小便，及隨意的交媾。可隨著時間的推移，獸性慢慢被磨滅，人性漸漸長出來，開始跟動物有了區別。他們之所以穿上衣服，主要誘因之一是：人類在進化過程中發現，隨著體毛的褪去，身體跟大自然的接觸面愈來愈大，與野獸搏鬥時更容易受傷，拿衣服來蔽體就顯得有其必要。

原始人遮掩下體，是為了保護重要的東西。當要使用時，那件遮掩物自然會給脫掉。女性的乳房對原始人來說，並不是直接的生命源頭，而是生殖後才會給派上用場。能分泌出乳汁的乳房，是女人大了肚子後的結果，養育嬰兒的乳汁也是由生殖帶來的。是以原始人不遮掩女性乳房，即使在炎熱的地方，溫暖的洞穴中還生著火，原始人依然會遮著下體，卻露出乳房來。

大約在一萬年前，大冰河期終結，人類的生存區域因而得以擴展。由於許多地方的溫度並不高，人類可以一直穿著衣服。隨著時代的變遷，衣服更跟文化和文明綑綁在一起。可衣服的出現，並沒有給原始人因暴露私密處而感到羞澀，反而讓他們對「美」的嚮往，給慢慢的萌生起來。首先族群中有人用藤纏花編成頭飾、項圈，或用長草、樹葉等物圍成裙，穿起來令人看了羨慕，這些穿戴因而逐漸受到大眾的青睞和仿效。

更多的人開始把一些俯拾得來的罕見物品，例如貝殼、顏色小石卵等物，給串連了起來，不僅在頭、頸項或腰處掛上來炫美，連手腕、手臂和腳腕都可以給圈掛，以顯示自己的創意和尊貴。這樣一來，那些沒有給自己裝飾的人，眼見別人有而自己沒有，難免感覺會被別人看不起，因而難堪，讓自己覺得醜，愧不如人。很有可能古人類「遮羞和炫美」的意識，就是這樣得以形成的。

當衣服和文明密切連結起來時，道德文化又反過來要求我們必須穿上衣服，甚至有時更要求按照不同的場合或從事的工種，穿上不同的衣服或制服，例如：軍人要穿軍服、學生要穿校服等。如今，衣服已經不再只是為了保暖，也同時彰顯一個人的個性和品味。今天，即使是生活在熱帶的人，也會穿著衣服四處活動，不再像我們先祖那樣赤身露體了。

（註）直至今天，不少白種男人的胸膛還是毛茸茸的。

3.
人類赤裸的身軀為何要穿上衣服？

引言

人跟衣服是個怎樣的關係？衣服能代表些什麼？衣服究竟有怎樣的魔力？這些看似全是偽命題，但假如我們換個角度去思考，它們就成了社會學問題。

「人為什麼要穿衣服？」這個膚淺的問題，恐怕連小學一年級學生也不會給難倒。他們大概會不假思索的說：「穿衣服就是為了保護身體。」的而且確，衣服有「護體」的功能，例如禦寒、保護皮膚等。但如果仔細檢視一下我們平時的穿戴，便會發現很多另類的衣物，例如領帶、高跟鞋、襪子、圍巾、皮包、裝飾性的帽子、時款的太陽眼鏡……這些跟護體就毫無關連。可見穿衣絕不僅限於護體這麼簡單，其中顯然還隱藏了更深層次的含義。

無疑，對大部分的人來說，衣服最基本的功能還是「蔽體」，那就是將別人的眼光跟自己赤條條的身軀分隔開來。可這麼一來，衣服就疊加了另外兩個作用，那就是「遮掩」和「變形」。此外，為了加強對身體的「認知」，我們需要用衣服來感知軀體，也就是說通過衣服和皮膚之間的接觸和摩擦，用觸覺去確認視覺不可見的身體輪廓。

我們很難確定衣服何時出現，因為普通服裝不出二、三百年就會自動分解，沒有給我們留下任何憑據。科學家認為原始人由褪掉全身體毛時開始，至他們穿上衣服的時間，應該是互相吻合的。換句話說，人類開始穿衣服，是為了彌補褪掉了的體毛，因為濃密的體毛讓古人類在夜間得以保暖，在日間則阻擋太陽的紫外光。但問題是：人類是在什麼時候褪去體毛的？

德國分子生物學家馬克‧斯托金（Mark Stocking）曾指稱，人類長滿體毛時，虱子遍佈全身。當體毛褪光後，虱子變異出另一個新品種——體虱。根據基因變異的時間去推算，他找出了體虱出現的時間，進而推斷出人類穿上衣服的年份，大約是在 7 萬 2 千年前。其後美國研究人員得出更早的答案：體虱從頭虱中進化出來，大約是在 17 萬年前，人類應該從那時起就開始穿衣了。

所謂「開始穿衣」，簡單點說，就是人類開始將身體某部分遮蓋起來，無論是作為一種保護還是一種裝飾。從考古的發現所得，證明五萬年前舊石器時代，分佈在歐洲、非洲、西亞洲一帶的「尼安德特人」（The Neanderthals），或北京周口店附近的「北京人」（Homo Erectus Pokiness），都幾乎同一時間製造出縫合獸皮用的骨針。

遠古時期，我們人類並不在乎裸露自己，可以真真正正的跟大自然作全方位的擁抱，與天地融為一體。據說公元前 2,100 多年，中國南方還有一個叫「裸國」的地方。

據《淮南子·原道訓》一書所說：「禹之裸國，解衣而入，衣帶而出。」也就是說在大禹治水時代，進入裸國的人，要先脫去衣服，離開時才可穿回，因為該國的人全裸。另據《南史》稱：「扶南國（今柬埔寨）俗本裸，文身被髮，不制衣裳。」大意是說該地盛行全裸，人人紋身兼身披長髮，也不製作衣裳來穿，且習以成風。

中國人穿衣的起源，除神話外，另有傳說。神話說發明衣服的，是那位教人用火、打獵、捕魚、製作八卦的伏羲氏。傳說則說發明衣服的，是現今公認所有中國人的祖先軒轅黃帝，他的妻子嫘祖發明了養蠶取絲，織成綢緞。總而言之，是他夫婦倆教會了人們做衣服，穿起來保護身體，免受外界傷害。

依照《聖經》的解釋，人類是基於羞怯感才首次穿上「蔽體物」的，起碼是拿它來掩蓋下體。可我們人類的祖先，不可能是因害羞才開始穿上衣服的，因為羞恥感不是人的本性，而是後天學來的。正確點說，是我們在小時候被教曉或給人引導的。只要看看今天任何一個兩三歲大的小孩，就能明白——他赤身露體，一絲不掛的通處走動，倒不見他有任何害羞的感覺！

羞恥感是一種社會性的情緒，只因察覺自身與社會常態的不一致，而產生的一種負面感受。女性之所以會因為內褲與胸罩被看見而感到羞恥，是因為社會意識賦予女性這種觀念——內衣肩帶不能露出來、穿短裙要穿安全褲以避免內褲被看到，因為那些貼身衣物被默認為是女性生殖

器官的延伸，所以見不得光，被看見即等同個人尊嚴受損害。

很明顯，人類第一次穿上「衣服」，若是出於保暖，為什麼現存世界各地古人類洞穴內的壁畫，圖像所繪的人個個赤著上身，卻只遮蔽著下體？更值得我們深思的是，即使在今天，地球上一些原始部落的女人，雖然遮著私處，卻毫不畏羞的露出乳房來。難道原始人對身體遮掩的範圍和理由，跟現代人真的很不一樣？他們是如何看待女性的乳房的？遮與不遮這部分究竟是出於何種道理？取捨之間到底又有些什麼不同的考量？

早在衣服出現之前，人類可能經已懂得以顏料來裝飾自己的軀體。最古老的證據可以追溯到 20 萬年前，當時活在歐洲的尼安德特人，在身上塗上赭褐色的顏料。這種顏料可以用來給獸皮染色，給亡者塗在身上以驅走邪靈，或用於洞穴牆壁上作繪畫之用。人們亦常以顏料在臉上及嘴唇作刺青，或在身軀注目的地方畫上圖形，或佩戴某種飾物，原因之一是迷信，藉此來防禦鬼神，或種種不明所以的自然現象。人們又喜以濕泥塗於全身，來防止蚊蟲等的叮、螫或刺傷，靈感可能來自大象、野豬或水牛等動物，因見牠們喜歡在水窪中打滾，讓全身蓋滿泥漿。

古人類觀察到雄性四蹄動物的性器官，平時縮進皮囊內，懸於腹部下肢兩腿中間，受到很好的保護。可當人一旦以兩腿支撐身體直立行走時，性器官就立刻暴露在外。人如果希望自己這個物種不被滅絕，首先就要避免這個賴

以繁殖後代的器官受到損害。這是出於本能，而不是基於羞恥心，驅使我們的祖先直覺地優先將下體遮掩起來，是因為這處往往最容易受到攻擊，損傷也是至為嚴重。

原始人的「遮」跟現代人的「遮」，明顯不同，這是因為他們對生殖器的認識，跟我們很不一樣，區別在於對女性乳房的取捨。從現時世界各地初民的洞穴壁畫中，我們看到有描繪遮掩下體的男人，他們披上的，很可能只是一些樹皮或獸皮。我們因而可以大膽的推斷，初民穿上或披上的內褲，已具衣服的最原始形態。除了保護重要的性器官外，我們看不出內褲還有什麼別的作用。

直至今天，雖然內褲久已備受詬病[註]，我們仍沒有捨棄。究其原因，大抵就是內褲對某類性行為，有象徵性的禁制意義。有鑒於此，與其稱此物為內褲，倒不如改稱為「遮醜褲」，可能更為合適。當人們穿上內褲或衣服時，同樣也意味著對隨意的性行為的約束或禁制。例如結婚時男女雙方交換戒指，即象徵兩人對婚姻以外性行為的禁忌，以示守貞。有關這一論述，詳情見於本書第 4 章〈用衣服遮蓋性器官有何特別原因？〉，在此不贅。

人類學家常以現今世界各地原始部落的服裝和習俗，來說明穿著具有保護和美感兩者的作用。例如非洲南部大草原上的婦女，愛用窄窄一根鑲有珠飾的皮條來遮掩下體。位於南太平洋的巴布亞新畿內亞，當地一個部落的男人，則用一種長而捲曲的瓜殼，做成套子，套住他們的陰莖。很明顯這些男人是出於本能，要把生殖器加以保護，

同時又要讓異性能察覺到它的存在，不失它作為性器官的特殊功能，可見衣服的確能承擔起各方面重要的角色。

時至今天，世界上有許多地處熱帶地區的原始部落，還是裸露身體而視為正常，毫不感覺有何不妥之處，最多也只不過用一些羽毛或布片遮掩著下體，目的只在於裝飾多於保護，因為他們大都將兩性生殖器官，視為最寶貴和最神聖的東西。是以衣裳最大的作用是保護，裝飾，而不是遮掩。

跟「羞恥論」相對的是「性暗示」與「性吸引」兩種不同的論調。在英國著名動物學家德斯蒙德・莫利斯（Desmond Morris）的《裸猿》（*The Naked Ape*）第二章中，他談及衣服最「原始」的作用時，認為雄猿的羣體狩獵特性，是導致配偶關係產生的主因。為了牢固雙方這個關係，雌雄兩性要把性生活變得更具激情和饒有性趣。為了達致這一目的，雌猿身體進化出一系列的性刺激信號，其中尤以性器官那部分不能給別人看，只能供自己的配偶看，結果演變成對身體性象徵部位的遮掩。有關這一論述，詳情另見本書第 5 章〈發情期中的雌猿為何要遮掩下體？〉，在此暫且不表。

初民最早穿上衣服的時間，大約跟舊石器時代的出現吻合。在這段時間裡，人類的智能，包括自我意識迅速發展，而最顯著的莫過於原始社會進入母系社會這一轉變。從人類婚姻發展史來看，母系社會實行的是「內婚制」，也就是相近血緣的親友們互相通婚。由於男女雙方來自同

一祖先，血緣太過接近，致使後代易患先天性疾病，加上體質不良，智力低下，與大自然抗衡能力因而減弱。誠如《左傳》所言：「男女同姓，其生不蕃」，正好說明古人經已發現同姓通婚之弊。

其後，隨著人類日漸進化，開始懂得收集各種物料來加以利用，先絲麻而後布帛。《易緯‧乾鑿度注》說：「田漁而食，因衣其皮，先知蔽前，後知蔽後」。《易傳‧繫辭》也曾記載：「黃帝、堯、舜垂衣裳而天下治」。可見人們一旦服飾冠戴，習慣成了自然，反視裸露身體為不正常的行為了。

隨著族內通婚和近親間的性行為遭到禁制後，內婚制也逐漸轉變為「外婚制」，由此進而產生非道德規範下性行為的禁忌，也就是在衣服出現後，成了日常必須穿在身上的東西，藉此來「遮羞」。衣服的出現因勢利導，帶出了另一個重要道德規範，一直影響到我們今天，即「禁止公開在異性面前脫下衣服，暴露出生殖器官。」這一禁令也同時減少了因視覺刺激而導致非理性的性行為產生。從這一角度來看，我們可以得出如下的結論：衣服就是一種附有禁忌性的東西。

(註) 男性穿過緊的內褲會擠壓前列腺，引發充血，導致前列腺炎，更會影響精子的質量，引致不育，尤其是那些長期及整天穿牛仔褲的人。不分男女，下體潮濕環境可能產生皮膚病，例如汗癬。另排泄物殘留會造成衣物污染，增加生殖系統受感染的風險。

4.
用衣服遮蓋性器官有何特別原因？

引 言

「裸體」特殊之處在哪裡？難道每個人在衣服底下，不都是全裸了的嗎？對於以裸體為常態的原始人，他們的性心理到底跟現代人有什麼不同之處？

任何一個物種，終其一生，基本上就只做兩件事——進食和繁衍，也就是生命的維持和物種的延續，其重要性和後果不言而喻——不進食個體就得餓死，不繁衍物種就得滅亡！是以所有動物都把尖牙和利爪長在前端，方便覓食和打鬥時能率先用上。至於賴以繁衍的生殖器，則長在後肢兩腿交會處靠後的隱秘位置，以起保護作用。

當身處裸猿時代，原始人仍用前後四肢來行走，其生殖器也像現時的哺乳類動物一樣，長在下肢給兩條腿屏蔽著。要是想要暴露他的生殖器，例如在交媾時，他反要刻意的採取另一種姿勢，才能達到這個目的。及後，當裸猿徹底學會直立行走，生殖器就改而呈現身體的正前面，要是沒有任何東西來加以遮掩，便不能不暴露於外。結果雄猿在面對危險，例如跟其他部族打鬥或獵殺大型動物時，

這個脆弱的部位便成了首要被攻擊的目標，因而最易受到傷害，受傷程度也會很嚴重。

站在進化的角度來看，人類的老祖宗最初用某種東西把下體圍起來，是出於保護生殖器官的考量，而不是出於羞恥感，因為這種人性中的感受並非與生俱來，而是經後天教導下而取得的道德觀念。是以用衣物來遮蓋生殖器，便成了一件理所當然的事，更是出於一種自我保護的意識，結果讓裸猿找到了安全感和自在感。試想像一下，要是我們人類倒退回到當年的那個裸猿時代，要我們日日夜夜、時時刻刻，都要面對著同類露出來的下體，倘若它處於一個亢奮勃起的發情狀態時，那會是一個多麼醜陋、惡心兼尷尬的情景！

日久年深，當大家都習以為常，用某種東西來遮蓋各自的下體，倘若有誰肆無忌憚地暴露其私處，更公然地四出走動，肯定會令周邊的同類心生不安。再者，當著不屬於自己的異性面前，例如頭領偏愛的性伴侶，或在不適當的時候向別的男人露出下體，也就變成了一種對別人公然的挑釁和侮辱，必定會令對方心生不忿，甚至會引致騷動和打鬥^(註1)。是以用某種東西把下體圍起來，就有此必要了。如此這般，世世代代相傳下來，人類就拒絕再像遠古時代那樣坦蕩蕩地裸露生殖器了。

我們有理由相信，原始人對繁殖後代這回事，態度一直非常嚴謹，單看他們對男女兩性生殖器官的狂熱崇拜，就足以證明他們對延續部族新生命是何等的重視了。女性

的乳房雖非直接的賜予生命，卻是嬰兒賴以為生的口糧來源，豈可等閒視之？乳房分泌出乳汁，是女人長了肚子後的結果。為了方便哺乳，原始人不遮蓋女性的乳房，是可以理解的。這亦足以說明，在古人類眼中，乳房跟「性」完全扯不上關係。

人類的第一件「衣服」，肯定是用樹皮或動物皮毛製成、既厚且粗糙的內褲，分別給男女兩性圍上，用來保護和遮掩其下體。第二件也幾乎可以肯定，是皮製或樹皮製的胸罩。它的出現，也肯定不是因為原始時代的女人，覺得露出一雙乳房而感到羞恥，因而要給它圍起來，而是出於保護這個提供嬰兒出生後第一口口糧的器官。

至於男人的乳房，因沒什麼功能，一開始就不被視為私處，所以不用什麼東西來遮蓋。諷刺的是，明明是為了遮蓋人體上一切跟「性」有關的那些部分，可最終當女人的乳房給遮掩起來後，反而更凸顯它們的存在，更強化了乳房和私處的神秘感和特別之處，結果反成了他人雙眼聚焦的地方，可說是完全出乎原始人想象之外！

我們從基因遺傳的角度去研究，也可以解釋為何古人類要重點保護女人的私處：男人為了讓自己的基因能更好地承傳下來，會極力避免配偶跟其他男性發生性關係。衣服除了讓女性不能隨意暴露性器官外，更具遮擋和窒礙其他男性跟配偶發生性行為這個作用，至少在心理上確保了自己的基因能順利給延續下去的最大概率，結果造成了後世的男人，均不約而同的構建起「處女情意結」來，因為

只有從沒給「開封」過的處女，才可以在最大程度上確保生下來的子女，是他本人基因的後代。

在整個自然界中，成年的雄性物種都具有侵犯異性的衝動，尤其是人類。但人類中的男性，跟其他動物中的雄性還是有區別的。動物界中的雌性物種存有發情期這現象，同一物種的雄性是懂得辨別的，故雌性很少會在其發情期以外的時段遭到侵犯。可人類卻不同了，由於女人沒有明顯的發情期，成年男人可能興之所至，會隨時強暴。故保護女人，首要是利用衣服來遮擋女人的私處，以增加男人圖謀不軌的難度。

對雄性動物而言，當牠有了性要求而雌性卻沒有回應，牠就只好強迫對方接受自己。在幾乎所有物種中，由於雌性承擔生育責任，自然在擇偶方面成了挑選方，雄性只能以低姿態去迎合。例如某類雌性喜歡外形漂亮的，那雄性就長得帥一點；要是雌性喜歡會打架的，那雄性就只好練就一身好本領，將對手一一打敗；假如雌性喜歡求偶者能歌善舞，那雄性就只能不斷提升自己的表演才華。雖然雌性動物只在發情期間才會接受同類的異性接近，但並不表示對任何獻媚者都會來者不拒，牠會是相當挑剔的。

在同性競爭中獲勝的雄性，跟眼前的雌性交配時，對方要是不願意，就只能靠自己的體力來反抗。如果能擊退對方，自己的意願就能得到維護。如果打不過對方，那就只好被性侵了。在動物界中，「恃強凌弱」，天經地義！雌性到底願意不願意交配，幾乎不是牠們說了算。這種雄

性跟雌性強行交配，跡近強姦的行為在自然界中的確普遍存在。

原始人應該早就意識到用下體來取樂這回事，更察覺到乳房除了天生的餵飼嬰孩的功能外，也是可供男人玩樂的東西，故此一併也要「遮」，為的就是要禁止下體和乳房這兩處，隨時隨地、無差異地供任何男人狎弄。自男女兩性都慣性地穿起衣服後，一個毫不遮掩自己的女人，會被別的女人視為有意圖勾引自己的男人，或想引誘任何一個男人跟她發生性行為。

我們以靈長類動物中的猴子為例。在一族群中，一向只有首領才握有交配權，是以族群中所有性成熟的雌猴都成了牠的禁臠，只有牠才能跟牠們交配，牠是絕對不會容忍其他雄猴染指的。要是這個「猴王」看見族群中有任何一頭成年的雄猴，在牠面前豎起其生殖器，而且還是硬邦邦地勃了起來的，肯定會把牠當場教訓一頓，甚至把牠咬死。

同一情況相信在當年同一族群的裸猿中也存在過。要是有任何一頭雄猿下體沒給遮掩起來，而牠那話兒更一時奮張起來，暴露出牠單方面的性狂熱，那牠就會給認定有跟族群中的雌猿「來一手」的企圖。如果被頭領看到，定會把這視為一種公然的挑釁。出於本能，這個頭領會毫不猶豫的出手把牠暴打一頓，藉此給其他雄猿一個儆戒，以收鎮懾之效。可以想像得到，任何一頭處於性成熟期的雄猿，下體都有可能會無端端的自動勃起來，這是牠沒法控

制的，因為這是本能嘛。因此，有理沒理，雄猿就有必要先把下體遮掩起來。

另一方面，自私自利本是人類天性，這種心理漸漸讓私心形成，物質上的擁有權意識也就給滋長了出來。個人開始要擁有自己製成的工具和武器，私自儲存自己狩獵得來的獵物，私養家畜留給自用，以至私有居所和私有女人等等情況就陸續出現。當私有的範圍愈來愈廣，私有制的觀念愈來愈強烈時，私有財產化就形成了家庭制度，包括了當中所屬的女人，女人因而成了男人財產的一個主要部分；女人受男人的剝削也就從這時開始。

到了族群中的男人發展出一套「私有化女人」理念時，女人赤裸裸的下體就成了首個被針對的對象。當男人對「擁有配偶」的意識逐漸形成，當私心和佔有慾到了極致時，他們對女人的約束和限制，從下體就相繼擴展到獨霸他們的女人整個身體，包括乳房這部分。為了不想別的男人佔有自己的女人，就連別人單看不碰也不行，更別說起歹心了。出於私心和獨佔的心理，為了不讓別的男人覬覦別人的女人，當中自然也包括自己的女人在內，以至凡女人都要非遮掩不可——不單一般未有生育的女人要把酥胸遮起來，就連那些哺乳中的女人，她們的胸部也非要給遮蔽起來不可！

在原始人還未懂得穿衣之前，他們該是沒有羞恥感的。可當穿衣成為習慣，羞恥感便產生了，即使偶爾暴露性器官也能引以為羞，是以衣服的遮羞功能因而也包含道德、

自制的内容。偶爾遮掩一下性器官，固然可以增加情趣，引起性刺激。但當掩蔽成了習以為常的行為時，就會失去其原有遮羞的作用。至於為了吸引異性而暴露，結果導致性刺激的，不是習慣性的掩蔽，而是偶然的無掩蔽！脫衣舞之所以受到男人的狂熱喜愛，就是這單一原因！^(註2)

我們的祖先之所以要創造出衣服，就是要把女人的私處給遮起來，以減少男人與之交歡的慾望和機會，起碼也能提供短暫性的保護，例如非自願性的性交。把乳房也一起給遮起來，能防止其他不相干的男人「平白佔了自己孩子的便宜」。女人穿衣服的好處，就是為了保障個別男人的專利權，也就是合法的行使權！在一些地區和國家，會把婦女作為私有財產的保護起來，於是就有了頭紗和面紗；有的宗教乾脆直接把婦女由頭到腳包裹起來。

近代的男人穿上衣服，沒再像遠古時代光脫脫的通處跑，僅是表明他們表面上不再明目張膽的去侵犯別個女子罷了，可暗底裡呢，誰知道！可不是嗎？要是沒有保護女性權益的法律，和維護法紀的警察，今天有可能滿街都是強姦犯！如今文明社會中，即便是衣著相對暴露的群體，也會穿上衣服遮擋著私處。這也正好說明，早在文明曙光出現之前，裸露經已不為原始社群所認許了。

(註1) 時至今天，男人打架和口角，總是先由帶有生殖器的污言穢語開始。緊握拳頭，豎起中指，更是一種侮辱他人的手勢，含意不言自明。

(註2) 有關詳情請參閱第19章〈內褲的誕生全拜性意識醒覺所賜？〉，在此不贅。

5.
發情期中的雌猿為何要遮掩下體？

引 言

最早期衣服的出現，就是要讓身處發情期的雌猿，將身體上出現的性信號全部加以隱蔽，並將一切跟性有關的部位遮掩起來，只留給自己的配偶看。

人類女性的乳房，由正常大小而變得豐滿，大多是出於哺乳的需要，並非因性活動頻繁而發展出來。至於一般靈長類動物，其成年雌性在產下幼崽後，因哺育的關係，乳房這時才會脹起來。唯獨人類的女性，在發育完成後，其胸脯變了長久性半圓球形物體，成為一個明顯的性信號。倘若現今婦女的乳房仍像遠古年代那樣，給掩埋在長毛下面，別說不會惹人注目，更難引起異性的性趣了。

雌性古猿體毛一經脫落，一雙發育完成後而膨脹了的乳房便給凸顯了出來。除因其外形顯著外，雄猿的注意力也給集中在雌猿深紅色的乳頭部分。受到刺激時，乳頭勃起更為明顯。其旁邊周圍的乳暈，在性興奮時顏色也轉為深色，讓乳頭更具吸引力。交配時，裸猿裸露的皮膚也因充血而顯出性紅暈，而成了另一個性信號。這種性紅暈，

也會出現在其他靈長類動物身上有限的裸露之處，例如整個臉部。但在人體上，性紅暈擴展得很快，範圍也更廣。例如情侶在追求初期，因覥覥關係，感到羞澀和難為情時，面部紅暈也會經常出現。特別是在女方身處性高潮期間，出現在其上身和面頰的典型斑狀紅暈，尤為常見。

在一般雌性哺乳類動物身上，有所謂「發情期」這一生理現象。所謂發情期，指的是在一年某些時段裡，在每次為期僅數天的排卵期間，牠們才會產生性慾，才願意跟雄性交配和成孕。當發情期一過，交配期也就停止。對雌性靈長類動物而言，交配並不存在什麼性滿足，更不存在性高潮這回事。基於生理的需要，雌獸在牠們排卵期前後，身體上會出現多個性信號，例如陰部會變紅色和腫脹起來，並會流出液體，行為和神態上更顯得坐立不安、頗為煩躁的樣子，好像急於要完成授精的任務似的。這時牠們的性慾特別強烈，沒法自行遏止，極需雄性的刺激。

由於雌猿的發情期很受局限，只集中在排卵期前後很短的時間裡，是以身處發情期中的雌猿，任何時候都願意跟任何一頭雄猿交媾，因交配次數愈多，受精的機會愈大。這一情況反讓雄猿擔心雌猿會轉投另一頭或多頭雄猿，讓牠早前投放在這頭雌猿體內的精子給浪費掉了。為了這個緣故，雄猿設法在性行為中讓雌猿獲得滿足感，也就是性高潮，藉此鞏固和維繫彼此的關係，目的就是不讓雌猿蟬拽別枝，作其紅杏出牆之舉。

除了剛交配完畢的短暫時間外，任何時候雄猿都處於性活躍的狀態。對牠們來說，帶有射精的性高潮非常重要，因為透過射精，牠們的性活動才得以終止，讓牠們暫時不能再進行交媾，亦即所謂「不應期」。這種大自然預設的巧妙機制，是要讓雄猿在射精後，陰莖立即處於疲軟狀態，即使能再即時勃起一半，也不能再次射精。這是為了讓牠們有時間長出足夠的鮮活精子，留待下次交配時用。

很明顯，「不應期」讓男人可以避免因連續不斷的長時間性交，導致精液的濃度由濃轉淡，最終失去繁殖效能。另一方面，「不應期」又可以避免在射精後因陽具的繼續抽插，將自己剛射進陰道盡頭的精液排出來。《精子戰爭》（*Sperm Wars*）作者羅賓·貝克（Robin Baker），在他的書中就曾提出了一個驚世駭俗的理論。他說男性陰莖前端的龜頭，其形狀和原理如同圓筒形抽水泵的一樣，其作用就是為了要抽掉別個男人先前在陰道內留下的精液。經短暫來回抽插，龜頭的「排放功能」高達 90% 左右。假設「不應期」不存在，這個高效能的「泵」，不就是要給自己挖牆腳、倒幫忙嗎？

當交配一結束，雄猿從雌獸身上爬下來，雌猿這時反沒任何激動的反應，一派若無其事，像是任務完成的樣子，雙方便會各自離去。這時雌猿因四肢爬行的緣故，陰道跟地面成一平衡線，精子留在牠們陰道裡的最深處，並無流失之虞。相比之下，人類雌性在性行為後立即起身，因直立行走的關係，在地心引力作用下，她們體內的精液會順

著陰道往下流，因而會大量流失。

要防止這一情況，大自然預先設定了另一個機制，那就是要女人在性高潮的強烈反應下，讓她感到暈厥，以至癱瘓床上一段時間，並保持身體平衡，好讓她方便成孕。女子性高潮的好處，就是讓雙方即時獲得性滿足。這種感受能強化配偶雙方的感情，起碼達到維繫家庭的作用，例如戀家、愛丈夫等。這種一雌一雄的配對，形成一個關係密切的繁殖單位，也就是現代家庭的縮影，因而讓後代的我們至今受益不淺。

如果要藉著高品質的性活動，例如激情迭起的性高潮，來維持雌猿跟雄猿配偶關係的話，那麼，在雙方短暫分開時，也必須想方設法去抑制雌猿非常規性及非自願性的性行為，尤以避免第三者的介入。抑制的方法主要靠阻撓來犯的一方，例如奮力發起反抗，讓對方知難而退。女人自古以來愛留尖而長的指甲，靈感或許來自大型貓科類動物，動機不外是為了反抗男人的性暴力。如果這方法不行，最後就只好把下體遮蓋起來，作消極性的抵抗。

出於群體狩獵的需要，成年和經驗豐富的雄猿都得參加，故通常只留下雌猿和幼猿在巢穴中。為了確保配偶獨自一個時不去另找別的對象，我們的祖先很可能想盡了一切辦法，其中最重要的一個是——除了進化出強烈的性高潮外，更一年四季都是發情期，讓性行為不完全以繁衍下一代為目的。此外，雙方的性活動更加入激情元素，使性行為更富性趣，由此進化出一系列的身體性刺激信號。雌

猿遂刻意的將一切跟性有關的部位遮掩起來，只保留給自己的配偶看。這就是衣服最早出現的主要原因之一。

群體狩獵的結果，我們的祖先褪掉了體毛，讓皮膚裸露，手指和手掌更具靈敏度和靈活性。這些重大的改變，讓雌雄兩性在面對面的身體接觸中，大大拓展了性刺激的範圍。在交媾過程中，雙方可以觀察對方臉部表情，進一步激發情慾。因直立行走，雙手得以解放，讓雙方可以進行愛撫和擁抱，大大增強了性行為中的激情，也可以讓雌猿用雙手來反抗非自願的性行為。此外，長期面對面的性交，使雌猿身軀正面的性敏感部位，例如嘴唇、生殖器、乳房、大腿內側和頸項，可以感受到強烈的性刺激，大大提升了性愉悅感。

由於幼崽成長過程緩慢，培育和教導的任務既冗長又煩瑣，需要一個有相當凝聚力的團隊才能事半而功倍。除哺乳類動物外，在其他動物群體中，例如魚類或鳥類，養兒育女的重擔對做母親的壓力很大，是以我們總能見到，每一個養育團伙總是一雌一雄的配搭著，在繁殖期中雙方被多個無形的紐帶捆綁在一起，以便共同生活，好好的照顧下一代。其中一個重要的紐帶，便是能令雙方和諧愉悅的性生活了。

此外，要形成牢固的配偶關係，裸猿必須養成把固定的伴侶銘記於心這種近乎愛戀的習性。彼此能否向對方表達這種意願，或怎樣去向對方表達這個意思，顯然無此必要，況且在語言能力未給發展出來之前，恐怕亦難以做到。

只要雄猿願意留下來，不離不棄，便已足夠。此外另一個更強烈的誘因，是牠願意見到自己的骨肉能存活下來，去延續牠的基因，而雌猿也需要一個可靠的伴侶，來協助牠養育下一代。

英國學者米勒（Geoffrey Miller）在《交媾的心智》（*The Mating Mind*）一書中，指出人類進化的基礎，在於通過語言的運用去表達思想。他認為「語言是因生殖的驅使而給開發出來的」。情慾原是人類最強烈的一種本能，只是給美化了為「愛情」。愛情激發起唱歌，而唱歌也能促進語言的產生。在原始社會裡，女性通過嬉笑來吸引男性的注意，而男性則通過歌唱和舞蹈來吸引女性。在男女求愛的過程中，語言就給誕生了。

對男人而言，性行為本身並不算是一件什麼大不了的事。相反，女人願意跟一個男人「相好」，後果卻要有很大的承擔。九個月的懷孕期過後，她還要挑起養育孩子的重擔，更需要男人的支援和幫助。出於「愛」，父親願意陪伴在母親與胎兒身邊，盡最大的力量去保護。同時，為了保證孩子確是己出，而不是別個男人的「種」，男人就有必要長期守護在他的女人身邊。這種長久的配對關係，激發起男女雙方合力組成一個團隊去養育他們的孩子。是以愛情的存在，能令男女雙方願意留在一處，從而省卻尋覓性伴侶的時間、資源和精力，改而有效地投放於下一代的身上。

跟其他哺乳類動物相比，人類初生的嬰孩就明顯脆弱得多了，一生下來便得在保護周全的環境下才能存活，稍有不慎就會夭折。較諸人類的近親靈長類哺乳類動物，人類胎兒的頭顱，跟他的身軀顯得不成正比，那是由於腦袋特別大的緣故，以至在母親產道內很難通過。為了順產，腦袋就要預先縮少，結果胎兒在還沒完全發育完畢下就要給產下來。

　　另一方面，科學家研究發現，婦女的懷孕期該是 80 周，而不是如今的 40 周就足月生產。正因此故，嬰兒給生下來後並不具備生存能力，一切都必須依賴父母。反觀我們的近親猴子，其胎兒在母體內期間，身體及大腦一併迅速發育。及至幼崽出生時，其大腦的成長已達 70%，其餘的 30% 在出生後首 6 個月便發育完畢。就連智力較高的黑猩猩幼崽，其大腦也在出生後 12 個月內就完成發育。要是跟牠們對比，我們可謂相去甚遠了。人類嬰兒出生時大腦的容量，大概只及成年人的 23%。出生後的 6 年間，兒童的大腦繼續發育，但整個腦袋大約要到 23 歲時才告發育完成。

　　其他較低級的哺乳類動物，例如羚羊，其幼崽呱呱墜地後，必須在三幾分鐘內站立並能行走，以免為其他大型捕獵野獸所噬食。相反，人類的嬰兒需要照料多年，且單靠母親也不行。母親在嬰兒誕生後經已極度虛弱，如果沒有父親從旁保護和照顧，是絕不可能存活的。人類的壽命一般更比其他動物長，嬰兒期和童年期比例上更長達生命

期的十分之一，導致我們需要父母長時間的關顧，結果男女發展出愛情和家庭制度就顯得順理成章，絕對有此必要了。

妊娠期間，雌猿仍能接受雄猿的性要求，這一情況至為重要。倘因雌猿懷了孕而長時間讓雄猿失去交歡的慾望，會危及一對一的配偶關係。在人類漫長的進化過程中，女人刻意隱藏起排卵期，發情期隨之自動消失。絕大部分的動物沒有長期穩定的性伴侶，唯獨我們人類卻有，那是男女雙方因愛情而給「綑綁」在一起，而良好的性關係更讓兩人在一起時產生愉悅的感覺，再轉化成互相依賴，成為長期搭檔，這就是「愛」的作用了。因為有了「愛」，男人才不會在交配完畢後，拍拍屁股就揚長而去，留下女人與腹中的胎兒獨自在曠野中掙扎求存。

6.
人類交配行為因何要躲起來進行？

引 言

動物都不用穿衣服，例如狗狗一輩子都光著身子，更毫不在乎當街大小便或性交。可我們人類一旦赤身露體，就會感到羞恥，更遑論公開做愛了，為什麼？

人類的交配行為一向都非常隱秘，要躲起來做。這種習性，自古已然。事實上，史前人類對安全感的渴求非常強烈，跟我們現代人並無二致。任何可能置他們於不利境況的活動，像睡覺、洗澡、排泄、交媾這些不得不做的生理行為，他們都會私底下、在免除他人打擾的環境下，低調地進行。

人類用衣物來遮羞，該在距今一萬年前就已出現。遮羞意識主要源自兩個原因，其一是男人面對異性玲瓏浮凸的身體，會產生性興奮，以至讓自己醜態百出；其二是出於自我保護的意識，免因自己一時性衝動，引起別人的敵意而導致打鬥。羞恥心不僅針對性器官，更針對性行為本身。這就形成了性行為中的場景禁忌，其中心思想就是性交要避開他人的視線。只有到了家中，在安全的環境裡，

才會脫下衣服去做愛，因性行為要赤身裸體，沒人會喜歡穿著衣服來做。

一直以來，我們人類自我保護的意識，成了一種與生俱來的自然反應。古人類活在危機四伏的當下，更理所當然會時刻關注自身的安全。例如睡覺時，會防範敵人可能潛入把他殺死。在放鬆全身「辦大事」時，他亦會恐防有來意不明的人突然在他面前出現。他也害怕在赤身裸體洗澡或進行性愛時，會冷不防被人偷襲……

是以從事上述那些非做不可的活動時，古人類會慣性地把自己隱蔽起來，例如把性交改在夜間，更要在四顧無人的幽暗地方裡進行。這完全是出於防範他人和自我保護的需要，結果自然而然地產生了一種心理上的「抑制效應」，例如有他人在場，或因遮擋不夠密實，就難以安心地跟另一個人顛鸞倒鳳，共諧魚水之歡了。

也有學者從心理學角度去分析，指出人類交媾時因全情投入的關係，往往會雙目緊閉，尤以女方在性高潮時，因瞳孔放大而畏光，暫時性地不能視物，形同失明。此外，由於男女雙方同時陷於歇斯底里狀態，容易被他人聽見或瞥見，或讓猛獸有機可乘，迫得將性活動改在安全、幽靜、隱秘處才私密地進行。

達爾文曾對人類性行為的隱蔽性作出過解釋，認為羞恥心是自我保護的一種自然反應。但究竟是什麼遠古的原因，讓古人類形成隱蔽的交媾習性，進而發展出羞恥心，

這一點他卻沒直接提供任何一種說法。有學者遂把猿類中雄性間的同性競爭，迫使牠們遠離群體去交配這現象，歸納為現今人類從遠古時代遺傳下來的習性。

除了我們人類，動物界中的倭黑猩猩（Bonobo），可算是唯一懂得濕吻，也是經常面對面性交的一種靈長類動物。牠們的性對象並沒性別和年齡之分，雌雄老少皆可，更一拍即合，唯一例外可能是母獸跟成年兒子。牠們這種性活動，能在社群生活中，起著維繫社群和諧的作用。例如在發生衝突和矛盾後，牠們慣以下體相互摩擦（Genital Rubbing）作和解；感到激烈緊張或興奮時，牠們也經常會這樣做，就像我們相互擊掌（Give me five）一般平常。

倭黑猩猩的雌獸在發情早期，會跟青少年雄獸交媾，讓牠們獲得性經驗。隨著雌獸體內雌激素的增加，其生殖器大小，形狀和顏色會出現明顯變化。當發情期達到高峰時，雌獸發脹的陰部泛紅發亮，走起路來臀部會一晃一晃的左右擺動，吸引一眾雄獸的注意，這時雌獸開始頻繁的和雄獸集體交配，場景相對和諧，鮮有打鬥互摳情事。當雌獸到了發情期高峰的後半段，也就是臨近排卵時，具支配地位的雄獸開始阻止其他雄性跟雌性交配，最終引發激烈衝突，以至有時雄獸會帶著雌獸逃離群體，在外頭獨處兩三個月，結伴成為臨時的「伴侶」。

我們從上文可見，隱蔽交媾成了維持族群穩定兼和諧的一種必要條件。為什麼我們可以公開牽手、擁抱、接吻，卻不可以當眾做愛？這主要是由於人是一種持續不斷發情

的動物，隨時隨地都可以「啪啪啪」。要是人人都這麼做，社會將無法有序地運轉。即便是性觀念最開放的國家，也不會讓這種羞於見人的事在公開場所來做。反觀在動物世界裡，交配卻是天經地義的事，毫無遮掩的必要，可以大大方方在光天化日下公開地進行，那我們人類為何偏要為這事如此大費周章呢？

在民風未開之時，一個原始社會的首領需要壓抑部落裡低級個體的性行為，以彰顯他的權力和地位。在一個叢林族群中，一些例如獼猴、狒狒、大猩猩和長臂猿等靈長類動物，通常會有一個雄性頭領，牠的地位高於其他同性。例如在一群野生的印度恒河獼猴中，其雄性頭領慣性享有優先的交配權，群體中大約 80% 性成熟的雌性盡歸牠所有。至於餘下 20% 的其他雌性，牠也一律不許一般地位較低的雄性隨意來跟牠們交配。

出於無奈，族群中一些年輕的雄猴只得跟相好的雌性偷偷溜走，遠離群體並採取隱蔽的方式去交配。早期人類可能也發展出同樣的模式，以確保更多的交配機會。隱蔽交配意味雌雄兩性能有更多選擇配偶的機會，從而發展出「兩情相悅、自由戀愛」，這對形成穩固的家庭個體至為重要，因為這是構成穩定群體生活的基石，不單可以保證下一代的存活率，也能提升後代的生存素質。

可能出於安全的考量，例如避免生殖器官給猛獸抓傷，古人類一開始會把自己的私密部位先予遮蔽。那時男人要遮，是因為下體不能任意隨時隨地使用，故男人的

「遮」是為了表明沒有侵犯他人的意圖。可男性生殖器屬「動物性」的器官，不受個人主觀意願所能隨意操控，更糟的是會一覽無遺地顯露出一個人心中的慾念，是以那時男人的下體不遮就不行了！

古人類可能早已認識到下體的取樂功能，是以遮掩下體是為了保管這件重要的器官。當要給它派上用場時，遮掩物自然會給脫掉。那時男人要遮，那是因為當著不是自己的女人面前露出下體，是對別的男人一種強烈的挑釁和侮辱行為。即使在今天，人們講粗言穢語時，口中說的仍不離男女生殖器和性交這行為，道理不言自明。所以，女人的「遮」是為了保管好供男人使用的器官，而男人的「遮」是為了表明沒有侵犯他人之意！

現代人的「貞操觀念」，無疑是從原始部族的男人，對女人「性器官私有化」這一觀念一步步發展出來的。從最早期的「遮」，轉變到後來男人對配偶產生了私心，即從原本對配偶下體的保管，添加了「獨佔」的意味。以前的「遮」，是為了保管好對個人很重要的生殖器，到後來是為了不想別的男人佔有自己的女人，乾脆把她的私處遮起來，企圖減少別的男人與她交配的慾望和機會。

可見當時女人的下體給遮起來，是為了不讓別的男人看，因視覺刺激比較容易引起男人性衝動，而這一情節往往會引致衝突和流血。之所以說女人要「被遮掩」，是因為比起早前女人自發性的保管好自己的下體，這時候更多的是出於保管好被自己的男人嚴厲看管的私處。為了自己

的女人不被別的男人勾引，所以男人要女人「遮」，而女人不遮自然會被男人看成生性淫蕩或視為不貞，也會被別的女人看作是企圖勾引自己的男人！

　　出於強烈的嫉妒，為了不想引起別的男人心懷不軌，妄想佔有自己的女人，就是單看不碰也不行。遮掩女人的私處，是為了保管好供自己使用的「專利權」。這種出於獨佔的私心，可以解釋為什麼最後連女人的乳房也要被遮掩，因為人們意識到那處也可供取樂之用。如今女人的胸部要給遮起來，除了出於保暖，也是為了防止別人的侵犯。穿上衣服遮擋視線以後，男人的性衝動明顯下降了許多。

　　如此說來，女人裸體果真能引致男人產生慾念？實情是否如此，很值得我們順便探討一下。首先，我們要理解「裸體」與「羞恥感」這兩個概念，在原始人類的心中是不存在的。原始人本來就不穿衣服，也就無所謂「裸」。「裸」是人們穿起了衣裳之後，才對自己裸露的身體有了羞恥和猥褻的觀念和感覺。

　　事實上，如果說穿衣是為了「遮掩肉體」，倒不如說是為了「暴露肉體」，這一趨勢在現代西方社會中尤為明顯。歐美的女士們一向愛藉衣裳的掩護，來顯露她們的肉體。流行的晚禮服和最新款的三點式泳衣，這類衣裳所要表達的，基本概念不在「遮掩」，而在「暴露」，手法是「明遮」，特別之處是「暗露」！講白了，「穿」是為了脫下，或被脫下，是臥室中男女各一方征服與被征服的前奏！

倒是有部分平常穿著舒適內衣褲的女人，當「重大時刻」來臨前，反會特意換上一些不太舒適，卻足夠性感的褻衣，為的是要達致另類目的，故意讓平時遮掩慣了的部位露出來。一個僅穿褻衣的女人，會比全裸更能引起男人的性趣。對男人的誘惑，全裸的女人比不上一個僅局部遮掩的女人！脫衣舞孃就是憑著脫衣的一瞬間，和僅裸露一小部分的肉體，造成比全裸更猥褻的視覺效果。

原始人跟現代人對「遮」的觀念，區別明顯在於對女性乳房的取捨，從中我們可以看出原始人對於下體和乳房所持的不同態度——遮了下體卻不遮乳房，連男人的下體都遮著，卻不遮女人的乳房，看來男人的下體與女人的下體在原始人眼中是同一個級別，表明原始人認為兩者同樣都重要，而生殖崇拜無疑也是由這種認識而演變出來的。

男人為了使自己的基因能更好地傳承，會極力避免配偶隨意跟別的男性發生性行為，衣服就成了具保護性的防禦體。衣服不單有保暖的功能，也能提供女性短暫的遮擋，讓性器官免於暴露，從而在心理上產生不符合法規的性行為是可恥和不道德的想法。這種羞恥心的產生，是整個人類社會漫長的集體洗腦的結果，並成了一道恆久的心理道德防線。

7.
雌猿為何故弄玄虛隱去其發情期？

引　言
洞穴時代的女人，為求生存，唯有利用自己的肉
體，發展出吸引男人、取悅男人的本領，那就是刻
意打扮自己，以增加自己的性吸引力，來討好洞穴
內的男人。

　　眾多雌性哺乳類動物，絕大部分時間過的是「無性」
生活。牠們只有在發情期間，也就是在排卵的時候才進行
交媾，這可能是一年一次或三幾次，每次三幾天不等，視
乎個別雌性身體發出的性信號而定。牠們倒不像我們人類
女性那麼挑剔，只要湊巧遇上任何一個同類的雄性，而對
方又有了「性趣」，便可招牠作入幕之賓。性成熟的雌性
哺乳類動物，在排卵時為了吸引同類雄性並進行交媾，從
而受精及懷孕，在性慾上會表現出異常亢奮。在發情期間，
牠們的陰部會泛起猩紅色，發亮和腫脹起來，走起路來整
個臀部像是翹起的樣子。此外，陰道會分泌出一種體液，
其濃烈氣味能勾起雄性強烈的性慾，產生意亂情迷的效
果。

少部分靈長類動物，例如雌性長臂猿，其發情期的性特徵雖不甚明顯，但其雄性同類總能透過雌性身體某些性信號，看出牠「面帶桃花」，便知道是時候「辦正經事」了。這時身處發情期的雌性，其雌激素水平會達到峰值，導致血管擴張，從而使牠們臉部變得鮮紅明亮。這種發紅的臉就是給雄性同類發出的求偶信號。

我們又以人類的近親黑猩猩為例。只有在雌性黑猩猩翹起泛紅的屁股、一拐一拐的走路時，才會有雄性願意跟牠幹那事。「紅屁股」在雄性黑猩猩看來，便是如花似玉的美貌。換上是落在男人眼中，就等同超模穿上了性感內衣一樣的誘人。從雌性黑猩猩只在其排卵期前後才進行交媾這事看來，足見在對的時候做對的事，成孕機會幾近百分百，否則注定失敗，況且雄獸也未必提得起性趣來。

大約在 100 萬年前，當雌性裸猿，也就是人類的先祖，仍身處進化期間，牠們的發情期消失了。所謂消失，意即指在雌猿月經周期前後的任何一天，牠們都可以跟雄猿成其好事，不再像遠古那樣，長時間等待發情期的到來，才可以跟雄性交歡。儘管人類女性的發情期早已消失，可至今仍保留多少這方面的蛛絲馬跡，例如在每月經期前後，一部分女性的情慾可能會較平時強烈。至於男性，並無發情期可言，因為一向並不存在，以至對他們來說，天天都是性愛的好日子！

有人類學專家推算，在靈長目人猿總科當中，包括人類、黑猩猩、倭黑猩猩、紅毛猩猩、大猩猩、長臂猿等，

牠們的共同祖先早前仍是有發情期的，其後人類獨自脫離了人猿科動物的進化隊伍，自行演變出隱性發情期來。人類祖先是否在演化成直立人（Homo Erectus）這階段才出現隱性發情期，目前尚不得而知，因化石不能提供直接證據去證明。但化石卻指出了直立人的腦袋容量比從前激增，可能讓自然選擇更傾向於將人類推向隱性發情期這方面去演化。

試想想，如果當年人類的女性先祖裸猿，仍像現今的雌性黑猩猩那樣，排卵期間其翹起的臀部泛紅並鼓脹起來，更發出特殊的氣味，豈不成了一塊會走路的廣告牌，那牠的雄性同類豈不聞風而至，更要排起隊來，逐一輪流跟牠「來一手」？可一旦牠發情期的徵兆消失後，任誰也會抽身離開，去找尋另一隻「紅屁股」。如此一來，雌猿豈非吃了大虧？萬一有誰給牠「留下了種」，而那隻雄猿卻消失得無影無蹤，那如何是好？

我們不妨來個假設，如果雄猿在「播種」之後就揚長而去，不出幾個月雌猿就得挺著大肚子在曠野裡獨自求生，牠能挺得下去嗎？即便把孩子生了下來，牠也不可能單獨把幼崽撫養成長。別說在今天，單親媽媽獨力帶著孩子，生活仍是個大難題，更何況在遠古年代？如果沒有父親從旁照料，孩子肯定不用等多久便會夭折。倘大部分的雌猿都遇上同一情況，那人類先祖很快就會滅絕。是以人類幼兒如果要健康成長，「父親」這角色就必須長時間到位。

自然界中許多物種的成年雄性，終其一生沒盡半點父親的責任。在四千多種哺乳類動物和二百多種靈長類動物中，生命的延續，也就是受精以及懷孕的重擔，自盤古初開以來，就一直交由雌性負責，以至在下一代還沒出生前，父親早已不知去向。雄性只單方面提供精子，其餘一概不管，就能讓自己的基因流傳後世。除了要忍受漫長的妊娠期當中種種不便外，雌性在生下幼崽後還得獨自照顧，期間雄性理所當然可以不聞不問，無拘無束地繼續找其他的雌性來交配。

　　當人類雌性刻意隱瞞起排卵期，不再傳遞發情信號，雄性遂無法準確檢測到對方的排卵期，從而無從得知雌性究竟是否懷上了孕，以至他要改變他的繁殖策略——從以往可以跟多個雌性交配，改為跟同一個雌性多次交配。此外，他需要一直留守在雌性身邊，確保孩子是他的所出。有了雄性的長期陪伴在側，雌性不再是一人獨自撫養下一代了。女性隱藏起排卵期，很可能讓早期人類從一夫多妻制，走向一夫一妻制。

　　有關這個假設，我們可以從倭黑猩猩身上找到一些證據。雌性倭黑猩猩也會隱瞞排卵期，只是方式跟我們剛好相反。牠們並非不顯示發情期特徵，而是長時間地凸顯發情期的特徵，同樣達到隱藏排卵期的效果。牠們泛紅的外陰有一半時間處於腫脹狀態，效果有如一個廣告牌，讓雄性前仆後繼的與之交配。是以在學理上而言，人類隱藏

排卵期的策略叫「淑女模式」，倭黑猩猩的則叫「蕩女模式」！

人類的祖先雄性裸猿，當年大概不會像其他哺乳類動物那樣，只有遇上身處發情期的雌性，才會進行交配。由於雌猿的排卵期經已屏蔽起來，假若雄猿想要繁衍後代，就不能像低等動物那樣，彼此狹路相逢，勾搭一番後便各走各路。相反，牠要對方長伴左右，朝朝暮暮的幹那事才行，因為大家都不知哪一天才是「良辰吉日」。由於我們人類在任何時候都可以性交，女性受孕的機會相對地大大提高了，從而讓人類的數量遠遠超越其他動物。

長久以來，雌猿身體外露的性特徵本已毫不顯眼，更因發情期給隱蔽起來，讓雌猿恒久處於一種「相貌平平、無甚可觀」的狀態，就像雄性黑猩猩看見另一個雄性同類一樣，毫無性趣可言。這樣一來，將會讓雄猿對雌猿完全失去性慾，後果將是災難性，這只會意味類人猿這科快要滅絕，更不用提人類這科了，根本就沒能給進化出來！雌猿刻意的隱藏起發情期性表徵的一切信號，主要是因牠們要把雄猿長久的留在身邊，不去找別的雌猿。

慶幸的是，裸猿在進化到直立人這階段時，婚配方式已開始邁向一夫一妻制。除了讓類人猿這物種成為萬物之靈外，更因直立行走的關係，雌猿的骨盆縮小了，即將臨盆的雌猿必須在胎兒大腦發育完成之前就要進行分娩，否則必定胎死腹中。當年做「準母親」的雌猿因難產而死的，

該不在少數。如今絕大多數的孕婦能夠順產，都得拜現代科技之賜！

大自然為了讓人類不致滅絕，特許了雄性保持一種長久兼穩定的情慾，那就是把雌性身體上的性特徵，依足雄性的性選擇標準，把雌性美化到了極限，更容許人類的雌性在整個靈長目人猿總科當中，擁有最大的乳房、最大的腰臀比、最幼滑無毛的皮膚、最稚嫩的面容等等。就拿乳房來說，其他靈長目動物雌性的乳房，僅能在懷孕期及哺乳期才會鼓脹起來，而人類女性在青春期以後，即便在非哺乳期也會有凸起的乳房，成了永久性的發情期特徵。

真相是，人類女性的發情期特徵只是隱去了，並非完全消失。跟絕大多數哺乳類動物不一樣的是，人類女性的排卵期是隱蔽的，毫無徵兆，不僅男人看不出來，就連女人自己也察覺不出來。身處發情期中的女性，其行為舉止會跟平時很不一樣，不僅聲調會變高，食慾會減少，甚至會將自己打扮得特別漂亮。男性會不自覺地被她下體排放的特殊氣味所吸引而靠近她，並分泌睾丸酮，有跟她發生關係的意願或傾向。

可以說，從青春期一直至晚年的絕經期，人類女性一直處於一種半發情的狀態。然而弔詭的是，人類隨時都可以有性慾，隨時都可以享受性愛，卻不保證一定能帶來生育這結果，只有在女性排卵期間幹那事才有望達到這一目的。事實上，人類大部分的性行為都是沒帶生殖意義的，也就是不為生育下一代而進行。

有學術研究指出，女人在排卵時容貌就算不化妝也比平時漂亮動人。另據加拿大約克大學早年一份研究報告稱，女人的嫉妒可能與其生理周期有直接關係。該研究發現，女性通常在每月排卵期間，嫉妒水平會不自覺地升至最高位，直接或在潛意識中排斥和貶低其他女人。當排卵期過後，她的嫉妒水平會逐漸消除，對其他女人的敵意亦會減退。

為什麼大自然要人類女性隱去排卵期？很有可能就是為了開闢另一條演化路線：要泛化人類女性的「美」，也就是要女人變美。這種泛化非但不局限於排卵期前後，而是整個月經周期。此種泛化也是全方位的——面容、皮膚、身姿、嗓音等多方面，用以取代原先局部集中的、單一的排卵期性特徵，進而成為吸引男性的擇偶信號。這一改變導致男人普遍對女人的性表徵有所偏好：稚嫩的面容、挺拔的胸部、較大的腰臀比等等。對女性容貌的審美，不同文化和族裔的男性，其表現竟高度的一致，可見當年男人的祖先，對女人的性表徵演化，作出了徹底的改變。

男人對女人美貌的性選擇，同樣促成了女人與女人之間的同性競爭。換言之，男人所偏愛的女性性表徵——乳房的大小、腰臀比的差距、面部幼嫩與否、皮膚的白皙度等，在同年齡層不同的女人之間雖有差別，但大體上總是一致。由此可見，女人間的同性競爭，讓女性的性表徵得以定向演化，成了一致性的標準。

有異於一夜情的床上對手，人類在選擇婚嫁的對象時非常挑剔。男人對年輕女性的堅持，是典型的共通點。在所有動物中，沒有哪一種會像男人那麼執著。對雄性黑猩猩而言，中年的雌性比年輕的更具性吸引力。唯獨人類的男性卻偏好年輕的女性，主要是因為年輕的女性軀體，更具誘惑性，也意味可以生下更多健康的後代，以及有更長時間給他多生幾個孩子。

8.
化妝和衣裝背後有何「性」動機？

引　言

「女人化妝第一是要取悅自己，第二是為了獲得更多人的注目。」另一說是：「女人化妝打扮，10%是給男人看，90%是給別的女人看。」那你認為呢？

　　美貌總離不開衣裝和化妝，其中包括更廣義的「配搭」，是故穿衣和修飾成了一門學問。在這一切的背後，有一種叫「時尚」或「風氣」在引領著我們。你穿的衣服，背後隱藏的，是你個人的社會地位、個人品味、學識和財富。如此一來，一個看似哲學性的問題立刻浮現：幹麼為了外表，我們要花這麼大的力氣、金錢和時間去折騰自己，犯得著嗎？

　　女人要裝扮，真的很磨人！先要把頭髮燙捲再梳理，繼而脫掉多餘的體毛——嘴唇上礙眼的毫毛和腳毛要剃去，腋毛更非除掉不可！眉毛刮光後還得重新畫上，眼睛周圍要描上深色的線條和暗影，臉頰要塗白，嘴唇要抹上紅色口紅。在穿了孔的耳垂上，把耳環穿進去，再在頸項繫上鏈子。指甲要塗上蔻丹，手指上要戴指環，另手腕要

戴上手鏈或手錶，腳踝要繫上腳鏈。從肩膀到腳踝，要裹上好幾層布，另雙腿要穿上透明織物，然後要把雙腳硬生生的擠進質料堅硬、不合腳形的鞋子裡。有些人還會在身體各顯著部位，紋上或印上五顏六色的圖案……

一些女士或許會言不由衷的說：「我打扮只是為了我自己，可不是為了別人呀！」要證明她們這一說法有多虛偽，只要簡單的問一問：你一個人獨處時是怎樣子的？如果你打扮只是為了自己，那你在家時也該衣冠楚楚，妝容齊整，打扮得漂亮可人，那你才能算「打扮是為了自己」呀！再者，如果整個世界只有你一個女人，那你還會打扮嗎？在只有一人的世界裡，你再美也沒半點意義。只有在群體中，個人的「美」能給別人看見，才會有價值！可現實卻告訴我們，絕大多數女士們回家後都會卸妝，更穿著隨便。這就足以證明，女人是為了他人而打扮，是出於一種「社會需要」，而非「個人需要」！

是以女人化妝、打扮，無非是為了掩飾身體上的瑕疵和缺點，以便吸引男人的注目，最終目的就是為了交配！可在心理上，女人卻不是這麼想，更會極力抵賴。她們只會感覺到，化妝打扮後遮掩了自己真實的形貌，讓自己看起來更美、更性感。她們那些冠冕堂皇的理由，只是讓自己給忽悠，把自己給欺騙罷了，以至忘了化妝背後所傳遞的性信息。

所謂「女為悅己者容」，認真點說，除了他人外，當然還包括她自己。女人注重修飾打扮，很多時真的不是為

了讓男人看，而是為了應付其他女人行的注目禮。況且，男人看女人，目光聚焦點永遠落在女人的胸部或臀部，對女人的容顏和妝面，卻是相當粗疏和馬虎的，很多時對許多重要的細節都不甚了了！

有激進女權分子稱，女人化妝是男權社會的產物，這種論調未免流於偏頗。化妝的歷史大可追溯到原始社會，最初原始人類在他們面部和身上，塗上各種顏色的油彩，來顯示神的化身，藉以驅邪祛魔，後來才開始了圖騰的崇拜。他們在圖騰上猙獰的人面和獸面上塗上顏料，其後更直接塗在自己臉上，可見化妝的源頭是原始宗教。

人們也曾利用臉部化妝，作為跟神靈溝通的一種途徑。這種裝扮後來慢慢的變成了裝飾臉容的手法。在幾千年前古希臘露天圓形劇場上，表演戲劇的演員便以顏料在臉部化妝，來凸顯劇中人物的性格。直至奴隸制度出現後，奴隸主子們為了把自己跟低賤的奴婢區分出來，在臉上改塗上特定的色彩和圖形，以凸顯他們尊貴的身份。到最後，化妝這行為才給愛美的女士們直接「騎劫」了。

我們又可以從進化角度，來理解女人化妝的意圖。在早期人類穴居生活中，女人要想存活，就必須依靠她的男人外出狩獵。他那天能獵得多少獵物，或有多少會拿回家，是她無法預計的，因為活在那個年代，一個男人可能同時擁有多個女人。這正好說明，在生存和繁殖的驅動下，導致女人和女人之間，出現同性競爭這一局面。久而久之，女性只好將「美」的追求植根腦海裡，至今不敢或忘。

穴居時代的女人，跟動物界其他雌性一樣，同樣沒有多大的性吸引力。比起男人，她們更絕對處於劣勢端，既缺乏在野外求生的能力，也沒有力氣跟男人去狩獵。她們單純是個消耗者，而非生產者。唯一被一群男人保留在洞內的理由，就是女人能給他們繁殖下一代。故此數百萬年下來，她們被壓迫、被奴役、被性侵。那時代實行的是雜交制，所有洞內的男人都可以跟她們睡。她們很有可能是給這群男人，從野外另一洞穴強搶回來的。

　　基於生存的本能，女人唯有利用自己的肉體，周旋於這群男人之間，自自然然地就發展出吸引男人、取悅男人的本領，那就是刻意打扮自己，以增加自己的性吸引力，從而博取他們的好感，並受到他們的保護。要裝扮自己由哪兒著手好呢？那年代的女人，可能全身長有長毛，唯一沒有毛或僅有稀疏毛的地方，就是臉部的嘴唇、眼睛和耳朵。我們人類身體有四個部分，其皮膚屬同一組織，色素也一樣，周圍充滿神經細胞，觸覺非常敏銳，那就是嘴唇、乳房頂端的乳頭和乳暈，以及生殖器官（女人的陰唇／男人的陰莖）和肛門。

　　在所有動物當中，唯一嘴唇外翻的就只有我們人類。除倭黑猩猩外，也唯有我們才懂得接吻。動物學家認為，女人的嘴唇與陰唇，進化簡直就是一個硬幣的兩面——兩者不獨大小和厚薄相近，且女人處於性興奮狀態時，兩者都因受性刺激而膨脹，更因充血而泛紅。此外，為了使男人不停的產生慾望，女人長出豐滿的乳房，令男人產生錯

覺，誤以為她正處於發情期，這樣便能長久地激發起他們的基本慾望——性交。

為了向男人表示自己一直處於發情期，日夜都可接受男人，從而受到他們的保護，女人便在自己的嘴唇塗上猩紅色顏料（演變為現今的口紅），以及耳珠配上飾物（例如鮮花或貝殼，演變成現今的耳環或耳墜）。歷經百萬年後，人類進化了，女人再沒有發情期，陰道也不再分泌一種液體來勾引男人，故連它的氣味也幾乎消失了，取而代之的是現今的香水。它的出現有兩個誘因：一是為了消除體味，二是為了吸引男人而產生催情作用，令他色授魂與。

女人化妝，主要是要創造出一張突出個人優點的臉龐，利用襯托產生視差，以淡化、削弱、掩飾自己臉上的瑕疵，進而起著彌補缺陷的神奇功能。是以一直以來，女人化妝的重點都放在眼部的睫毛和眉毛上。眼影、眼線和睫毛膏，能讓眼睛看來更大、更純真，無非模仿或重塑瞳孔在性高潮時所浮現的異彩。在平時，當女人對一個男人非常感興趣時，她的瞳孔也會自動擴張。一般戴隱形眼鏡的年輕女子，眼珠顯得特別明亮，那是因為瞳孔給鏡片放大了，讓她不自覺地對男人有一種異於尋常的吸引力。

化妝也是為了把自己偽裝成剛剛性成熟的樣子，讓自己顯得更年輕、更美、更富有魅力。現代的化妝品讓女人更具吸引力，顯得更健康、更富風韻。除了雙眼外，女人的嘴唇無疑更具亮點，是故女人的臉部化妝，特別加工處理的就是這處了。例如粉底能使女人的皮膚，顯現少女才

有的那種平滑、無暇的理想狀態。塗上口紅後，嘴唇變得血氣旺盛，顯示出嘴唇的主人具有良好的健康。口紅也能讓女人的嘴巴顯得小一點，變得紅潤飽滿、柔美動人。胭脂能使臉部呈現出年輕人激動時所產生的紅暈效果。女人用胭脂塗在兩頰，跟性高潮時面頰出現的紅暈一樣，其背後的心理動機，也就不言而喻了。

愛美本是女人的天性，哪怕是千百年來慘無人道、戕害我國婦女至深的纏小足，也就是「三寸金蓮」，女人們也一律甘之如飴。我國古代女子纏足，動機在於男人要把婦女禁錮家中，防止她們和別的男性有更多的接觸。此外，纏足能令女人走起路來，腰肢柳擺，讓臀部翹起，大腿肌肉變得緊緻和下體私處緊繃，目的只是為了增加閨房之樂。

至於幾百年前歐陸宮廷極度流行的緊身胸衣，其作用在於勒緊女人的纖腰，只求把乳房擠得高聳一點。乃至如今，仍有不少女人去豐胸、整容。她們人為地改變了大自然賦予的體形和外貌，好讓自己在美貌上獲得更大的滿足感。

女人當然不會輕易放棄強化個人身體上的性信號，只可惜可供她們強化的地方並不多。儘管她們未必有意識，或有預謀去幹這等事，但年紀輕輕的新一代，對強化嘴唇就充滿了興趣，例如近年流行的「人體穿刺」，包括紋身，打唇釘、唇環、舌釘、眉釘、鼻釘、臍釘、乳環等。為了美，女人可謂無畏無懼，勇氣可嘉，可以無所不用其極！

如今，婦女解放運動開展了一波又一波，女人可以像男人一樣剪短髮、穿褲子。但牢籠真的給打破了嗎？看來還沒有！它只是變得更隱晦罷了，反以另一種更私密的方式滲入我們生活當中。例如三寸金蓮被性感的高跟鞋同化了，緊身胸衣也改以綑綁式的聚攏文胸所取代。跟普通胸圍不一樣，聚攏文胸是一種功能性文胸，能把乳房及其周圍的脂肪收攏和集中起來，起到增大胸部的視覺效果，更能把平散、下垂的乳房聚攏起來，效果非常明顯，但甚具縛束感，倘長時間擠壓，會讓胸部和肺部受損。

　　在今天，靠賣廣告行銷的時尚雜誌，拼命鼓吹現代女人要化妝、保養、減肥，並冠以「獨立、自主、唯美」等標籤，好讓廣大的女讀者自我催眠、自我麻痺。女人「瘦、白、美」，更成了現代社會「政治正確」的共識。化妝和瘦身這等事，在社會輿論的慫恿下，不由分說地跟「追求更好的自己」畫上了等號。無數的女人，在忍受化妝和減肥的繁瑣和痛苦的同時，當下卻振臂高呼著：「我只是為了取悅我自己！」男權社會厲害之處，正正在於——把女人塑造成受害者的同時，還把她們變成了幫兇！

9.
化妝是女人在容貌上的同性競爭？

引 言

女性之間的同性競爭，早在幼年求學時就開始了。
長得漂亮的女生，從小就得在甚具敵意的環境中長
大，例如經常被同學們排擠、針對，或給人造謠生
非來詆譭。

在脫離人猿科目動物隊伍後，類人猿單獨自行演化。
歷經不知多少年代後，雌性古猿的發情期終告消失於無
形。用以彰顯其繁殖價值的性信號反給泛化了，成了那些
基於雌激素分泌的永久性性表徵，例如較凸起的乳房、較
稚嫩的面容、較纖細的腰圍、較大的腰臀比、較光潔幼滑
的皮膚等，這些全部成了今天男人用來給女人進行性選擇
的準則。

為了迎合男人的擇偶偏好，女人進化出多種應對機
制，其中之一就是化妝。化妝能使女人看來更年輕，臉龐
更光滑，好讓自己變得更迷人，去證明其後代基因的優越
性。相反，男人很少會考慮自己的基因孰優孰劣。由於大
部分的女人都化妝，結果引發女人與女人之間在容貌上互
相較量，「爭妍鬥麗」遂成了一種潛藏和無意識的博弈。

女人透過修飾行為，能在短時間內給自己提升個人魅力，也就是性吸引力，目的除取悅自己和予人好感外，部分未婚和單身的女子，也藉此去吸引心目中的白馬王子。現實告訴我們，男人看女人，很多時候第一眼就是單看女人的顏值。女人容貌和顏值的高低，能直接影響男人所表現的親密程度，因為這兩者都是男人最看重的女人性特徵之一。從人類進化史上來看，姣好的容貌跟健康和較強的生殖能力有直接關係，結果讓男人發展出偏好「以貌取人」這個心態。

所謂女性修飾行為，泛指女性借助化妝品、飾物、服裝等，或通過身體姿勢等非言語手段，來提升自身吸引力的一切行為。很明顯，女生在「面子工程」方面的投資，絕不會是無緣無故的，背後是一種高明的自我美化手法。她們通過不斷的展現自己美好的一面，有效地提升自己的身價和競爭力。愈是年輕的女人，就愈愛化妝和打扮，以求盡早找到如意郎君。是以整天對著鏡子照的是女人，對身材和體重經常感到焦慮的也是女人！

同性之間的競爭對手，最終要能贏得競賽，核心手法只有兩種——要麼提升自己，要麼貶低對方。前者，女人主動學習化妝和穿衣技巧，另加節食、瘦身等，這些都有助她們在競爭中勝出。後者，雙方各出奇謀，想方設法去貶低對手，手段大多以詆譭為主。例如透過攻擊對方的弱點和短處，說她矮、胖、醜、腿粗、皮膚黑等，又或中傷對方，說她嗜好不良、性格欠佳、又或私生活如何不堪……

潛台詞就是：要是選擇了這女人，將來的日子肯定不好過，恐怕連孩子都不能確定是自己的！

基於這個心理陰影，婚前的女人會普遍主動壓抑性衝動。她們不太像男人那樣，容易產生性興奮和過多的性愛意圖。對違反其意願的性行為，她們有超乎想像的恐懼與厭惡感。即使在正常男女追求過程中，女人通常會採取「緩兵計」，盡量推遲一步跟男人「愛愛」。她們會堅持，直至愛上對方，或得到對方的承諾後，才會願意跟他發生雲雨情。男人則剛好相反，不時提出性要求，直至對方就範為止。

在進化過程中，古人類早已明瞭懷孕生子是性行為的因果關係，是以大自然進化出那些對配偶比較挑剔的女人。她們除了不太容易接受隨便的和沒意義的性行為外，更要求男伴聰明、友善、具足夠資源……她們明白如果隨意地選擇配偶，很可能要付出慘重的代價，是以女人選擇配偶時大多謹慎從事。

理所當然，男人跟女人對生育下一代投入資源的多寡，會影響雙方在擇偶時各自不同的盤算。對男人而言，他基本上作為「精子的提供者」就已足夠。事實上，一個男人如果有足夠多的女伴，一生中可以造就上百個孩子，只要他有足夠的財力便行了。可一個女人終其一生，只能在絕經前才能生孩子，而每個孩子都要投入極大的資源，是以女人自然不會隨便的向生張熟魏招手。

比起男人，女人更有機會終身保持獨身或單身，這是自古以來的趨勢。她們這種對性事的取態，也許是無數代進化得來的結果。在挑選配偶方面，女人要比男人謹慎得多了。她們之所以如此，是因為她們在本能上，負起了為人類篩選基因這個責任重大的工作。一旦選不上合心意的，她們寧願主動退場，不會委屈自己去遷就對方。

英國遺傳學家貝特曼（Angus John Bateman）認為，在動物界中，一個雄性能輕易讓一個雌性的所有卵子受精，是以雌性就沒需要跟超過一個的雄性交配。相反，一個雄性如能跟多個雌性交配，牠便能生育出更多的後代。一個雄性的潛在生殖成功率，會受跟牠交配的雌性數量成正比，而一個雌性的潛在生殖成功率，則受牠所能產生的卵子數量所限制。此一情況導致了雄性之間互相競爭，而雌性最終選擇跟哪一個雄性交配，結果導致雄性基本上傾向濫交，雌性則傾向於專一。

此外，根據美國進化生物學家羅伯特・特里弗斯（Robert L. Trivers）的親代投資理論（Parental Investment Theory），他認為女人在擇偶中雖具選擇權，但男人卻擁有「選擇的主動權」，導致了女人與女人之間的同性競爭。男人會憑女人所呈現的吸引力，也就是她自身各方面的外在條件，來作出甄選，從而展開追求。女人則依據男人的背景、追求方式和力度，作出最終選擇。在這個擇偶模式下，女人只負責「美貌」，男人則負責「挑選」。如此一來，「雌性競爭」被普遍解讀為女人與女人之間，為爭奪男人

的關注和愛而展開的較量，重點是以男人的評選標準為準則，結果男人成了潛在的既得利益者，卻在整個過程中處於隱身的狀態，而女人則成為同性明爭暗鬥下的受害者。

近年西方一些學術研究，將女性化妝跟生殖這回事連結起來，認為女性修飾行為，主要是受到其體內排卵期和安全期的影響。具體而言，個別女性在排卵期間，源於同性競爭的關係，其修飾行為會主動增強，著裝會趨向更暴露、更性感，目的只在於提升其性吸引力。這一現象很可能是出於女性要保持男性在她們身上「繼續投資」的一種策略。這種策略近乎「隱藏起的排卵期」或「非以生殖為目標的性行為」。總而言之，上述觀點為女性持續存在的修飾行為，提供了一個生物學理的解釋。

所謂「非以生殖為目標的性行為」，指的是女性在明知不可能受孕的情況下，例如服用避孕藥，或採用自然避孕法，期間樂意接受男性的求歡行為。很明顯，在絕大部分時間內，女性的性行為並不以生育下一代為目的，情況跟「隱藏起的排卵期」類似，好讓男性在進行性愛活動時，心中著重的只為尋求性歡愉。是以有學者認為，這種非以生殖為目標的性行為，是女性在長期進化過程中形成的，其作用是藉此保持男女雙方的伴侶關係，不會隨意拋下對方，為現有的子女繼續提供資源和保育。

有大量的研究報告指出，女人肉體的吸引力會隨著生理周期而產生變化。排卵期間，女人外在吸引力會顯著提升，例如皮膚會變得更白皙、細緻而有光澤；面孔、胸部、

耳朵等器官會變得更加對稱。此外，當遇上饒有性含意的笑話、色情文字和電影，或肉體上的刺激，例如接吻、愛撫等親暱動作時，女人的瞳孔會增大，變得更可愛、更動人。男性對排卵期中女性的體味，也有異於尋常的偏好，會下意識地主動靠近對方。

跟心儀的男性朋友一起走路時，一個排卵期中的女性，會不經意地把腳步放慢，翹起臀部，表現出女人特有性感的一面，目的只是為了吸引對方的注意。比起在非排卵期間的她，會顯得更嫵媚，更有女人味，和更強烈的性趣。這些表現正切合雌性哺乳類動物被雄性同類求愛時，所表現出的那種「欲迎還拒」的作風。

由於體內性荷爾蒙異常充盈，排卵期中的女人，會比平常任何時候都更想做愛。美國《愛與情慾》一書提及，性激素最能刺激性慾，當女人自然生育能力達到最高峰值時，也就是她感覺最性感的時候，受孕的機率隨之大增，因而最需要注意避孕。此外，身處排卵期和排卵期前幾天的女人，對其他男人的興趣，比起對自己原有的伴侶，有可能更大。一旦遇上魅力非凡的男人，她們會紅杏出牆。除了以上所說的形貌和體味方面的變化，研究亦顯示，女性接近排卵期，會傾向穿上較為暴露的衣著，聲音會變尖。到了排卵前和排卵期間，女性音調會達到最高。目前，有專家正在試圖摸索出，音調變高是否為了更能吸引男性的注意。

另一項來自 50 對異性戀夫婦的調查，為上述這一觀

點提供了佐證。該調查發現，這 50 對夫婦中的妻子，在她們感到丈夫對自己在性愛方面顯得鬆懈懶散時，會主動挑起他的情慾，為房事活動加強前戲的熱度，例如刻意穿上情趣內衣等。有關這方面並不難理解，正如前文所述，女人在排卵期間，其外在吸引力會顯著提升，但在排卵後的安全期（黃體期）時，因肉體的吸引力下降，便要透過其他方法來增強性吸引力，這種行為可以被認為是一種維持伴侶繼續「經營婚姻」的一種隱性策略。

一言以蔽之，女人的容貌，恰如鳥兒的艷麗羽毛，是吸引異性的主要工具。為了讓自己能在同性中突圍而出，從而獲得異性的追捧，女人會不惜工本的展開「軍備競賽」。在這場競賽中，比拼的是各自性表徵的強度。外貌吸引力相對高的女人，自然較容易獲得男人的青睞。由於優質的男性總是稀缺，撫養幼兒更需要父愛的投資，因而促成了隱性排卵期和一夫一妻制。

排卵期徵兆的隱去，促成了女性加強展現繁殖價值的信號，泛化成了永久性的性表徵，結果引發女性在容貌方面的同性競爭。女人之所以愛打扮自己，更多的是為了取悅自己，也可能是為了在別人眼中留下好印象，餘下的就是為了擇偶這方面了。這解釋了為什麼今天滿街有這麼多年輕、好看的女生，街頭巷尾更相對地出現了這麼多的美容、美甲和美髮等店鋪。自古女性就是愛美的動物，她們對提高自己的美貌一直不遺餘力，我們得為女人愛美的天性喝彩和歡呼，因為得著的是我們男人呀！

10.
男人擇偶為何首重外形和性表徵？

引 言
交配原是為了繁衍，但作為現代人，我們總愛把這種打從心底裡萌生出來的交歡意欲，稱之為「愛情」。到底男人為什麼會喜歡女人，而且愈是漂亮的愈是喜歡？

相信很多人都有談戀愛的經歷，或者曾經有喜歡過一個人的感覺。但我們為什麼會喜歡上一個人呢？答案可以是形形色色，千差萬別。但有一個共通點是：當你看到某個人的時候，心情會特別的好，這是因為你的大腦分泌出一種叫多巴胺（Dopamine，DA）的化學物質。它負責傳遞興奮和開心的信息，也跟你的情慾感覺有關。

在所有哺乳類動物中，我們人類恐怕是唯一會談戀愛的物種了。所謂「談戀愛」，就是男女雙方預設的一個兩性約會和交往的過程。在一般正常情形下，一雙男女該不會像低等動物那樣，在首次相會中就立即交配，務求盡快懷孕，生育下一代。畢竟，對女人而言，生孩子是一個高風險、低回報的投資項目，故此大多不會草率行事，除非一個不留神，鬧出了「意外」來！

說真的，男人無論年紀有多大，普遍都偏愛年輕的女人。不過，在其他雄性靈長類動物中，這種性選擇並不多見。例如在黑猩猩的族群中，年輕的雌性一般不被重視，因大多還無法懷孕，故只有青少年期的雄性才會跟牠們交配，從而獲得早期的性經驗。對身處性成熟期的雄性，最有性吸引力的，反是年齡較大、有過養育幼崽經驗的雌性。當一頭較年長的雌性身處發情期間時，總見三五頭雄性緊隨其後，等牠從容地決定跟誰來交配，地位愈高的雄性入選的機率愈大。為了爭奪交配權，這些追求者往往會大打出手，拼個你死我活。

雄性黑猩猩之所以偏好一些成熟的雌性，是因為透過生育幼崽，證明對方有生殖經驗和養育能力。由此觀之，男人對妙齡女子情有獨鍾，純因人類幼兒要經歷漫長的養育期，愈是年輕的母親，愈有可能多生養幾個孩子，這也是從前一夫多妻制盛行的原因之一。相反，在繁衍後代這事上，由於女人比男人的投入大得多，分娩時除了有致命的危險外，分娩後又有產後抑鬱的風險，所以女人對生孩子這事更加謹慎，且多傾向選擇性格靠譜、擁有更多資源和年輕、更強生存能力的男人。

在擇偶過程中，雌性哺乳類動物重點考慮的，是雄性是否擁有優良的基因，因為這關係到雌性的親代投資能否獲得理想的回報。根據進化生物學家羅伯特·特里弗斯（Robert L. Trivers）的親代投資理論（Parental Investment Theory），他認為在懷孕和養育下一代方面，由於雌性要

付出的代價較多，故擇偶時多看重雄性外在條件的優劣，和所能提供的資源的多寡，目的是要讓下一代能擁有較優秀的基因和較佳的物質環境。相反，雄性擇偶時由於要付出的較少，故大多只看重雌性的生育條件以及其外貌特徵。

但問題是，基因的優劣無法單憑肉眼來直接觀察。猶幸大自然早已預設了一個完美的解決方案，它賦予擁有優良基因的雄性動物，某些生理上和行為上的特徵。這些特徵雖然一方面增加了雄性的生存成本，既消耗牠大量體能，對牠的存活未必帶來好處，卻能讓雌性輕而易舉地在芸芸追求者當中，篩選出哪一個擁有最優良的基因。

在進化生物學和進化心理學中，「性選擇」自然成了重要考量的一部分。雌性不僅會選擇有良好基因和適應性強的雄性，也會偏好有較高社會地位和擁有較多資源的雄性，以保障下一代在出生後的存活環境。親代投資不僅在萬物之靈的人類中如是，在動物界中也比比皆是。例如，獅群中的獅王，通常只有牠能跟族群中的多數或全部成年雌性交配，因牠擁有絕對的統領權，包括領地中的獵物資源，這些對雌性具有無比的吸引力。

這也正好表明，在擇偶行為上，舉凡條件優厚的雄性，總會比條件一般的同性更具優勢。大自然巧妙設計出來的一個最佳例子，是雄性孔雀的尾巴，它也是最負盛名的一種裝飾品。雄孔雀尾部的羽毛，在打理起來時非常費時，更虛耗大量體力，尤其是在清理虱子時。可除了在求偶時能派上用場外，牠艷驚四座的尾部羽毛，平時卻一無是處。

對比起來，我們人類社會中的部分男性，他們各自對心中女神展開追求時，種種的曲意逢迎、吹噓、炫耀，不就是典型的孔雀尾巴嗎？

部分男性類似孔雀開屏式的行為，還包括但並不限於下列這些舉止：在健身室刻意鍛鍊出六塊腹肌，在不認識的美女跟前裝腔作勢，刻意把它們鼓起來，或將凸出的肚子縮起。此外，藉著一些炫耀式、非理性的胡亂消費，例如購買昂貴的禮物、以餐飲和美食上的浪費來擺闊；一些過於慷慨的金錢捐贈、獨特不從眾的舉止、英雄救美等利他行為；過於虛榮、不求回報地付出，只是為了博取女性的芳心……

為了確保後代有良好的生存環境，女人在尋找戀愛對象時，大多喜歡找比自己年長三幾歲的男人，因為年齡跟資源成正比。早在很久很久以前的石器時代，男性的體能在 30 歲時達到頂點，其狩獵能力則在他 35 歲時達到顛峰，女人跟他一起生活會有保障。此外，女人還喜歡高個子的男人，因為看上去他們更威風，更有安全感。

相較之下，男人在作出性選擇時，比起女人也不遑多讓，這也許是經過不斷的演化，長年累月積累下來的集體行為模式。男人單憑女方體內雌激素分泌所催化的性表徵——乳房、腰肢和臀部，也就是腰臀比，即腰圍和臀圍的比例，就能有所取捨。豐臀是便於生育的典型特徵，而細腰是還未生育過的標誌。在原始社會裡，男人就是憑這些女人的外部特徵來作出判斷。此外，男人還可以從中驗

證另一個重要指標——對方的年齡，因為這也跟她的繁殖效能息息相關。男人如此嚴苛的擇偶條件，讓女人與女人之間的相互競爭變得白熱化起來。結果女性的性表徵，也得隨男人的偏好而作定向的演化。

男人擇偶時普遍喜歡典型女性化的面容。女性的臉，因雌激素的分泌，抑制了面部骨骼進一步生長。較細緻的下顎骨，讓顴骨更整齊，以致整個臉部變小了，成了典型的「瓜子臉」。眉骨因受抑制，因而顯得眼睛更大、嘴唇更豐厚、嘴皮子更飽滿。由於臉皮底下有更多脂肪積聚，臉頰長得更平滑無毛。這些特異之處，很難說不是無數世紀以來男人性選擇下的產物。

剛步入性成熟期的女人，具有最高的繁殖能力，此際她體內的雌激素分泌達到最高峰值。可隨著年齡的增長，雌激素分泌開始下降，往昔堅挺的乳房靜靜的逐漸向下垂，稚嫩的面容和雙手漸生皺紋，更因皮膚開始鬆弛，毛孔外露。此外，肚皮明顯的脹了起來。相形之下，小蠻腰消失了，倒是臀部因皮下脂肪的不斷流失，顯得比以往縮小了，更缺乏彈性。凡此種種跡象，均指向一個殘酷的現實：老之將至！

緣何容貌和外形成了女性間爭妍鬥麗的角力場呢？原因在於：雌性古猿因隱去了在發情期才會短暫出現的性表徵，例如那些用以彰顯其繁殖力的信號，包括臨時鼓起的乳房、發脹且呈現猩紅色的臀部、下體流出有濃烈氣味的液體等。當這些信號消失後，取而代之的是一些長期性的

性表徵，例如較凸起的胸部、較稚嫩的面容、較纖細的腰圍、較大的腰臀比、較光潔幼滑的皮膚等，全部成了今天男人用來進行性選擇的表徵。

為了加強同性間的競爭力，女人首先要在容貌方面進行加工，主要靠的是化妝術。化妝品並非近代產品，人類用化妝的方式讓自己變得美，已有非常悠久的歷史。早在古人類狩獵和採集時代，人們已開始化妝。化妝當然是為了讓自己變得更美，用以修飾一些不夠女性化的性表徵，讓它們顯得更加突出、更誇張。一貫的手法，就是要把嘴唇顯得更豐滿、眼睛顯得更大、面部皮膚顯得更光潔、頭髮較柔順和有光澤……此外，利用衣裝把胸部束得更挺拔、腰肢顯得更纖細等等，凡此種種都是要把擇偶信號強化到極致。

美國耶魯大學一份研究報告顯示：長相漂亮的人心理更健康。另有學者對 15,000 名 25 歲到 34 歲的美國男女做了一項調查，發現漂亮的人很少生病，無論是身體疾病，還是心理疾病。那麼，這能否證明人是因為長得漂亮而健康？答案其實不然，人是因為健康而漂亮，因漂亮而導致心情開朗，性格樂觀豁達，人也顯得隨和。無論是飄逸烏黑的頭髮、白皙彈性的皮膚、清澈的大眼睛、輕盈的步伐、活潑的神態，都應歸類為健康最佳表現的外部特徵。

不過話說回頭，要每個人都天生麗質，實在太難了。普天之下，有誰會喜歡自己的眼睛不夠大、皮膚不夠好、嘴唇沒血色、胸部不夠挺？化妝化得美美的，照鏡子看

了，自己覺得開心舒暢，別人看了當然也順眼些。在今天，女人同性競爭依然是方方面面，包括職場上和擇偶時，優勝劣敗只是其中之一而已。在比拼女性性表徵的信號強度時，化妝的優劣定必牽涉其中。其實，化妝相當於一種弄虛作假，也就是通過隱蔽的手段來提高自己的顏值，長此下去，肯定會造成不公平的競爭。

在現今社交文化潮流的影響下，女人出門前要先化妝，幾已成了標準禮儀，結果讓化了妝的女生成了大多數。當大部分女人都化妝，人人的顏值都提高了，那些不修邊幅的女性，只能落得成為「剩女」的下場。既然大家都視化妝為理所當然，結果化妝作為一種掩飾面部瑕疵的技倆經已失效，有些人只好另闢蹊徑——整容。整容的作用在於把可以擦掉的化妝，換成了擦不掉的，讓他人不易識破。過去，人必須長得美才是真正的美，可現在，長得不夠美還可以靠化妝和整容來改善或矯正。當化妝升級為整容，那整容會不會成為未來一種常規化的手段？目前趨勢尚不明確，仍有待觀察。不過，從韓國首爾整容業之興旺，簡直成行成市，其前景之秀麗，當思過半矣！

總之，化妝作為一種修飾手段，只不過是通過使用人為的方法，誇大或美化個人原本的表徵。女生化妝多半是化給其他女人看的，好讓自己能更有自信，不會感覺給人比下去。至於男人，大致可以不予理睬。他們一向都很眼淺，只會分出女人化的是淡妝或濃妝。他們關注的只是好看還是不好看，細節他們是完全看不懂的！

11.
烈焰紅唇到底要告訴男人些什麼？

引 言

口紅歷來只有一種顏色 —— 大紅色。你見過新娘子在結婚當天塗上棕黑色的口紅嗎？男人喜歡女人塗口紅，並進行眼部化妝，那是因為兩者同時都發出性信號。

說來湊巧，當劇烈打噴嚏或咳嗽時，女人上面的嘴唇，跟下邊的陰唇，兩處會同時張合，其間陰道深處和子宮頸，也會不約而同的自動痙攣。除咳嗽、打噴嚏外，女人大笑或提起重物時，更會引致尿液失禁。

女人的陰道，是一條富有彈性的管狀通道。在生理學上來說，它具有多重功能。陰道既是嬰兒出生時的產道，也是女人排經血的出口，更是「主要的」性交器官。除此之外，它也是婦科醫生檢查婦科疾病的窗口。有醫學文獻指出，女人的陰道習慣於、也樂於陰莖的進出，連帶女人的嘴也有吸吮男根的本能和慾望。

西方醫學界經多次實驗證明，肛門具有性反應。性意識在給激發後，肛門就開始自動抽搐。達至性高潮時，絕

大多數受驗者的肛門均出現痙攣，跟陰道幾乎一模一樣。從這方面來看，肛門不單是排泄器官，也是性交器官，同樣具備強烈的性反應能力，足見人類的性感受器官，比任何動物都要多，分佈也更廣。是以人類出現一些異乎尋常的性行為，例如口交、肛交、乳交、腳交、手交、獸交⋯⋯也就不足為奇了。

經驗告訴我們，女嬰哭啼時，給她嘴裡塞進具安撫作用的奶嘴，止哭的效果明顯較男嬰來得快，也耐得久。此外，女人的嘴巴上下合攏起來時，上唇唇尖跟下唇中央處明顯留有一個空隙，不能完全封閉，跟男人的唇型很不一樣，未知是何緣故，也不知意味些什麼。

但有一事我們可以肯定：在所有靈長類動物中，例如大猩猩、紅毛猩猩、黑猩猩、狒狒、長臂猿、獼猴等，只有我們人類的嘴唇才會外翻和外露。嘴巴分上唇和下唇，閉合時留有一條橫縫，叫「口裂」，口裂的兩端叫「口角」。嘴唇主要由皮膚、口輪匝肌、疏鬆結締組織以及黏膜組成。在鼻翼之下至上唇中央，有一條淺淺、因人而異的縱溝，稱「人中」，這是人類獨有的臉部結構，也是構成上唇美的必要條件。

嘴唇的主要功能是保護牙齒，說話時配合舌頭控制語音的準確度，是以嘴唇在日常生活和社交中，起到十分重要的作用。此外，單憑嘴唇可以看出一個人的性格，也可以分辨出人種，例如嘴唇最厚的是南部非洲人，最薄的是北歐人。嘴唇更能展示一個人的營養和健康狀況。不分

男女，除非在生病情況下，嘴唇基本上都呈紅色。紅嘴唇是口腔黏膜外翻的皮膚，內裡滿佈密麻麻的血管和神經，而黏膜表皮薄得恍如透明，讓嘴唇得以充分展示血液的顏色，故此看起來總是紅色。

紅色的嘴唇是一種耀眼的信號，具有多方面的含義。它首先代表健康，是心血管系統有力運作的保證。此外，遇上冬季寒冷空氣時，外翻的嘴唇會迅速乾旱、脫水以至裂皮，故此要用蠟唇膏來保濕。單憑此一特徵，也可推斷一個人生活條件的優劣，以及對自己身體健康的關注度。

此外，一個女人的感情是否深厚，為人是否重情義，也可以從她的嘴唇看出來。在相學上，上唇代表靈性，下唇則屬於情慾。女人要是長有兩片比較厚兼平均的嘴唇，便是個靈慾並重，有人情味，兼性格平和、情緒穩定的人，是男人理想的婚配對象。相反，要是女人兩片嘴唇生得太薄，大多代表這人牙尖嘴利，功利至上、性格太冷和待人過分苛刻。

對女人來說，化妝可以讓自己變得更有自信。除了眼睛這兩個「靈魂之窗」外，女人的嘴唇無疑更具亮點，是故女人的臉部妝容，特別加工處理的就是這處了。塗上口紅後，嘴唇變得紅潤飽滿、血氣旺盛，顯出嘴唇的主人具有良好的健康和生存本錢。口紅更能讓女人的嘴巴顯得小一點，也讓嘴唇變得更柔美動人。

是以大紅色的口紅成了女人最具威力的性信號之一。

女人要傳遞強烈的性信號時，無一例外會使用這種顏色的口紅。紅色既是充滿熱情的顏色，自能輕易地點燃起男人的原始本能。紅唇在淪為一種誘惑與臣服的表徵時，可以讓別有用心的女人，藉著男人好色的天性，突破男人戒備的心理關口。

　　嘴唇在五官中佔有重要的位置，是以女人臉部的精緻細節，很能留住男人的目光，更能讓男人瞬間被吸引，視線再也無法轉移。交談時，女人輕啟朱唇，香氣微吐，一張一合之間，讓男人再也沒法抵擋。要是一對初結識的男女首次約會時，女的刻意打扮和化妝，並塗上大紅色的口紅，可視作她對這個男人有好感，才會如此隆而重之的前來應約。

　　紅色，作為一種性暗示，在自然界中更是普遍，簡直無處不在。一般靈長類動物的雌性，在排卵期間，牠們體內的血液會加速流動，使得牠們的面頰、生殖器，以及臀部呈桃紅色，藉此向其雄性同類傳遞一個強而有力的訊息：「來吧，我準備好了跟你愛愛！」至於我們人類女性在排卵期間，由於雌激素水平的變化，讓女性皮膚顏色變淺，皮下血液流動加快。這些改變讓女人臉頰長時間出現紅暈。

　　一般身處生育高峰期的女人，這種紅暈在其臉頰上也經常出現。此外，女人處於性興奮狀態時，她面頰上的微細血管會自動膨脹，變成了一抹桃紅，是以女人塗胭脂就

是為了要營造這個效果。撲粉讓面部皮膚變得順滑，進而遮蓋瑕疵，象徵著她具青春、健康和良好的基因。這些表徵很可能會讓男方視女方「準備好幹那事了」。

明白了紅嘴唇的女人要傳遞給男人的信息後，我們就可以理解男人和女人嘴唇的差別了。男人的嘴唇一般要比女人的薄，色澤也略淡，表明男人的幼態持續情況比女人差。所謂「幼態持續」（Neoteny），是社會生物學上一個重要概念，大意是指一個物種把其幼年期甚至嬰兒期的特徵、表情或舉止，保留到少年期以後甚至成年期的這個現象。例如已屆青春期的人仍保持幼年時的稚氣和行為，藉此去減緩或延滯其成長的表徵。

隨著年齡的增長，男人的嘴唇會變得愈來愈薄，這是一個「幼態不斷地消除」的信號。在古代，男人成年後習慣留長長的鬍子。加上男人著鬍子代表成熟，也就是稚氣的消失，讓他看來老成持重。鬍子又代表男子的陽剛之氣、威儀和權力。求偶時長鬍子的男性，顯得特別具有男子氣概。鬍子既是強壯和具有攻擊性的象徵，自能讓自己贏得更多的交配機會。

如果僅從幼態持續的多寡來衡量，女人的確比男人更能保持其「幼態」。在這裡，指的是她的心理和思想方面，這跟男女雙方不同的擇偶策略有關。男人傾向於尋找更年輕的女人，而女人則傾向於尋找更成熟的男人。成熟的男人意味著擁有強大的權力和豐富的資源，這些優點是女人一向所看重的。

從古至今，男人一直崇尚女人的櫻桃小嘴，為何他們會如此的執著？所謂「櫻桃小嘴」，主要彰顯在女人嘴唇的三個特點：一是小，二是紅，三是豐滿。男人之所以喜歡嘴形小的女人，這可能跟年齡有關。「嘴巴小」是幼態持續的重要表徵，也就是說對方還未完全成長，還年輕，是生育質量的最佳憑證。女人一旦上了年紀，失去雌激素的支撐，嘴唇就會變厚，顯得暗沉和缺乏彈性。由於皮膚和肌肉的鬆弛，年輕時的小嘴會隨著年齡的增長而發脹和變大，以至最終失去原有的美態。

在我國面相學中，女人嘴巴小，一般代表她的下體狹窄和細小。有一說是女人嘴巴的大小，與其陰道長短有關。此外，高個子的女子嘴小陰道不會深。反之，嘴大的女生陰道不會淺，因為嘴巴大小跟髖骨大小成正比，而髖骨的大小卻決定了陰道的縱深。另一說是櫻桃小嘴的女性，其陰道比較淺，反之眼堂深的，陰道一定比較深。事實是否真的如此，在缺乏統計數據的支援下，真的不好說，只能姑妄言之、姑妄聽之！

正因嘴唇是男女身體上性信號的一種，「美化嘴唇」在今天仍受到一定程度的制約。一些男權思想盛行的國家，明令不許女性塗口紅；一些國家更曾一度規定，只有妓女才可以公然以紅唇示人。有趣的是，當年西方女權運動方興未艾時，一些人曾極力反對女人塗口紅，認為那是為了討好男人，可惜沒受廣大的女性所認同，口紅的銷路反愈來愈紅火。雖然鮮艷的紅唇並不直接跟交配意欲掛

勾，但至少有艷壓群芳的意圖，對象自然是潛在的優質男人，女人卻未必坦然承認這是她們內心深處的想法。

最近，西方一項新的研究表明，衣服的顏色能影響人們的判斷。男人認為穿紅衣的女生對性愛更感興趣，暗示人們將顏色與性愛連結起來。紅唇多少總帶有墮落、荒淫和女色等隱喻。各地紅燈區的霓虹燈廣告牌，大多以紅色為主，不就是性的暗示了嗎？

以往亦曾有實驗證明，日常生活中有很多小節跟顏色息息相關，特別是紅色，它會讓人看了，產生心情愉悅的感覺，更會引來意想不到的效果。例如無論男或女，在紅色背景的襯托下，在異性眼中更具性吸引力，同樣情況也會出現在身穿紅衣的男或女身上。在公車上、圖書館或任何供人們輪候的地方，男生會更傾向坐近穿紅衣的女生身旁，並借故向她搭訕，藉此結識。在酒吧裡，塗上口紅的女生更容易引來男人跟她攀談。至於塗上口紅或穿紅衣的女侍應，則會得到更多的小費。在徵友或婚戀網站中，穿紅衣的女性照片，會獲得更多異性的青睞和招手。女生手拿著或使用紅色手提電腦時，會顯得更年輕、更性感……

不過，世事無絕對，即便是微不足道的穿著選擇，有時也會引發一些不良後果，故此女士們還是小心為上。發表上述實驗結果的機構，在總結時特別作出這樣的忠告：「穿紅衣可能是一柄雙刃劍，一些立心不良的男人有可能會被錯誤的信號所誤導，以至女生會吸引到她們不想要的男性來到身邊，為此要付出代價，性騷擾會是其中一種」。

事實是否真的如此？出狀況的大概率又有多高？我們很難妄下結論，但有一點可以肯定，紅色可能會是一個曖昧兼微妙的暗示，因而成為傳遞「性意圖」的一個有效途徑。我們無從得知一個選擇穿紅衣、塗大紅色口紅的女人，其目的是否真的為了尋找性伴侶，但她的那一雙烈焰紅唇卻無疑告訴別人：你選擇紅色，或多或少是帶點含意吧，哪怕只是想獲得異性的關注而已！

12.
隆起的乳房只是為了要酷似臀部？

引言

礙於 XY 染色體，男人無法像女人一樣，擁有一雙豐滿的乳房。正因沒有，總讓男人覺得女人的乳房特別神秘，反引發他們的好奇心，要持續不斷的探究下去。

　　人類的基因組，由 23 對染色體組成，其中首 22 對，男女皆相同，叫「常染色體」。唯獨最末的 1 對「性染色體」，才出現差異。男的是 XY，而女的是 XX。而這一差異，造成了兩性的分別。由於乳頭和乳腺有關的基因都被裹在常染色體裡，所以男女胚胎在發育初期，都會長出乳頭和乳腺。直到第五周，性腺的出現，讓 X 或 Y 染色體再決定性腺發育成卵巢或睪丸。其後在雌／雄激素的分別刺激下，再各自發育出男女生殖器官來。

　　換句話說，男女雙方的乳頭和乳腺是「原廠設定」，交由性激素去決定能否發育成圓潤的乳房。至於男人胸前的那兩小點，並非退化了，只是沒發育，可裡面的血管、神經、乳腺和其他能發揮哺乳功能的設置，都一應俱全。

由於這些設置對男性沒什麼用處，以致在自然選擇下給淘汰掉。至於在泰國被稱為「第二女性」的「人妖」，他們從小就服食雌激素，讓男性生殖器自動萎縮，再加外科手術，把乳房隆起來，結果讓他們看起來比起女人更像女人。

中文「哺乳類動物」這個名詞，來自英語 Mammal 這個字。這個英文字的字根，源自歐洲早期的語文——拉丁文 Mamma 這個字，意指「乳房」。普天下的嬰兒，無論是哪一個族裔，也不論母語說的是哪個地域方言或國家用語，開口發聲的第一個字，就是「媽」（Mam），表示「餓了要吃奶」的意思。另據我國訓詁學的解釋，中文「母」字最早期的象形文字，代表女人盤膝疊起雙腿坐著餵飼嬰兒。這個「母」字當中的兩點，代表女人胸前左右兩側的乳房，清晰地展現嬰孩眼前，好讓他易於找到母乳所在。

在所有哺乳類動物中，包括最接近我們人類的靈長類動物，例如狒狒、黑猩猩、大猩猩、長臂猿等，其成年雌性的乳房平時並不隆起，只有在懷孕末期和分娩後，需要餵飼乳汁時，乳房才會長出來。一旦幼崽斷了奶，母獸的奶汁便會枯竭，乳房就會萎縮到以前的樣子，這是因為在非哺乳期間，母獸若要保持乳房不萎縮，身體需要不斷提供額外的營養。在食物供應緊絀的大自然環境中，這會造成一定的困難。

反觀我們人類的雌性，自發育完成後，即使從沒生育過，乳房卻是長年「脹卜卜」的。為什麼會這樣子呢？在眾多哺乳類動物中，人類其實是非常的特殊。哺乳類動物

的雌性存在「發情期」這個現象，人類也是哺乳類動物，但其成年雌性反而沒有發情期，這現象令人類學者一直迷惑不解。人類的性活動多采多姿，男女均具備隨時可以交媾的本能。在女性成年後，只要她的體質和生理狀況許可，幾乎天天都可以交配，大自然恍惚就是希望人類這樣做。

事實上，女人不單止在懷孕初期及中期仍可交媾，即使生了孩子後，短期間即可恢復性活動，也可以馬上受孕。可以說，人類的性行為比任何動物都要來得頻繁，也只有人類每日 24 小時都可以進行性活動。出於方便的考慮，大自然遂透過進化過程將男人的生殖器官裸露於體外，不像其他雄性動物那樣縮入體內，好讓男人可以隨時隨地提戈上陣交鋒。從這種生理構造的設計上來看，人類從來就是最雜交的物種！

這一現象大概可以追溯到遠古洪荒時代，那時候原始人類的生存環境很不安全，生命全沒保障。除了自然災害頻繁，例如火山爆發，地震、山洪、山火突發和洪水暴漲外，毒蛇猛獸襲擊，兼且疾病多、衛生條件差、食物又匱乏……不獨嬰孩和兒童的夭折率很高，一般成年人的歲數也很短。據估計，穴居人平均壽命大概只有 18 歲，能夠存活至性成熟期很不容易，一旦成長至具有生育能力，如不立即進行繁殖，就可能失去繁衍後代的機會。故此，那時古人類得隨時隨地性交，女人要不停的懷孕，產後迅即要展開性活動，是有其必要的。要不是這樣，人類早就有滅種之虞了！

比起人類女性，雌性哺乳類動物就遜色得多了。一頭雌性動物只有在發情期間，那可能是一年間的兩三次，也就是排卵期的那幾天，牠才會願意跟雄獸接近，並進行交配。一旦交配完畢，雄獸和雌獸立即分離，頭也不回的各走各路。雌獸一旦受孕，牠的性慾立刻減退至完全消失，發情期即告終止，直到幼崽誕生，乃至斷奶之前，牠再也不會出現新的一輪發情期，更沒有任何性慾和性活動，這種禁慾情況一直維持至下一個周期為止。

　　人類祖先從樹頂搬遷到地面，改居於洞穴時實行雜交。那時的雌性古猿很可能跟其他靈長類動物的雌獸一樣，還是有發情期的，發情期中段也就是排卵期。期間牠們的表現很可能跟其他靈長類動物的雌獸一樣，情緒亢奮，性慾旺盛，對性行為表現出濃厚的興趣和主動性，會向群體中的雄性示愛。唯排卵期過後，牠們的性慾立即消退，直至下一次發情期才會重新出現。一旦懷孕，牠們也就不再有性行為。懷孕期間牠們拒絕所有雄性的求愛，分娩後一般要花至少一年的時間哺乳，直至幼崽斷奶之後月經週期才會恢復，性慾才會重新出現。

　　現今發育中和成年的女性有排卵期和月經週期。排卵期間女性最具吸引力；她體內賀爾蒙分泌加強，血液運行加速，令臉色及皮膚變得有光澤和紅潤，聲線變得比往時悅耳。這時的她，性慾比平時強烈，這也是大自然的巧妙安排，好讓女人跟男人交媾後，易於成孕。可事實上，在避孕藥面世之前，女性在排卵期的性趣卻是最低的，反而

最高點是在月經之前及月經之後，也就是受孕機會最低的時段。這點明顯是與順應女性不希望經常懷孕的心理訴求有關。

目前最少有十種理論，嘗試去解釋女人的發情期因何消失了，可謂各家各說，莫衷一是。最為人接受的說法是：為了生存，穴居時代的女人不得不以肉體去取悅洞穴內的一群男人，在任何時間都要接受他們的性要求，因為只有這樣，才能保證每天有男人把食物帶到她們的跟前，也唯有這樣她們才可以生存下去，因為活在當時，得不到男人歡心的女人會是很悽慘的。結果那些只在發情期才能給男人接近的女人，就給淘汰了。經過無數代的演進，能存活下來的女人也就再沒有發情期。

為了避免不停的懷孕，以至失去性吸引力，從而中斷了男人的供養，發情現象就要隱蔽起來。很明顯，並非所有的女人都巴望自己長年累月的生育，隱藏起排卵期就成為避免懷孕的一種策略。既然女人欠缺明顯的發情期，男人也就無法肯定她是否在排卵，那就表示她們可以經常交歡。既然供應多了，男人的性對象也就多了，他們也就不再偏重於明顯身處發情期的女人，結果發情期就逐漸消失了。

出於保護懷孕期間腹中的胎兒，不致被傷害或甚至被殺害，女人巧妙地讓身體長出長年豐滿的乳房，既象徵源源不絕的奶水，也能長期吸引著男人。在南非有一類狒狒，每當一頭更年輕力壯的雄狒狒，成功入侵另一族群時，會

在驅走原先的首領後，就著手把族群中所有雌狒狒懷中的幼崽，也就是原先首領的後代全部殺光，再把族群內的雌狒狒據為己有，等牠們各自進入發情期後，才一一跟牠們交配，去延續自己的基因。這時如果雌狒狒經已懷有前任首領的骨肉，牠就會偽裝進入一種虛假的發情期，表現出樂於接受這頭新領袖的性支配，這純粹是出於生存和保全後代的需要，對雄獸實施的一個偽裝和騙局。

古猿從四肢爬行，進化為軀幹直立，用兩條腿來走路。雌猿的性器官自行縮入體內，雄猿再難以看到雌猿在發情期間陰部泛起猩紅色、發亮和腫脹等跡象，所以發情期就消失了。人類在直立行走前，雌性是用圓圓的、豐滿的臀部來吸引雄性，一如現今的靈長類動物，其效果跟廣告牌如出一轍。人類自演進到直立行走以後，雌性為了騙取雄性的歡心，就乾脆遮蔽起以往發情期的種種徵象，改而讓乳房發育得愈來愈大，看起來更酷似臀部，以便吸引迎面而來的雄性。女性乳房進化成現今這個樣子，就成了男人性選擇的最終結果。

人類既是哺乳類動物，而「性」是所有哺乳類動物共通的本能之一。但人類的「性」，又有根本不同之處。相對而言，如今人類若然仍保留殘餘的發情期，很可能只是一個模糊的概念而已。例如男女見面，身體有了接觸就可以發情，然後交配，甚至連看部小電影都可以引發情慾。一年 12 個月裡，每個月都可能懷孕。可見生育後代並不是人類性愛的主要目的，感官的享受才是。

早前，英國生物學家的一份調查研究顯示，67% 的女性在排卵期間，會表現出高於平時的性慾，例如性衝動和性幻想頻率增加，最高可以達到平均每日 1 至 3 次，性交的意欲也更異於尋常。相較於女性，男性的性衝動則無規律可循。在青壯年期間，男人有可能天天都是發情期。簡言之，女性的發情期還有跡可尋，而男性的發情期則明顯地消失於無形了。

男女兩性沒有固定的發情期，倒帶來了一個「隱性」的好處：一年的每一天，只要男女雙方性趣相投，隨時隨地都可以產生性慾，性活動完全不受制於發情期，因為它完全消失了。與此同時，女人的受孕率卻遠超其他任何一種動物。若非避孕藥的面世，今天全球人口豈止現時之數！試想像一下，如果人類也有固定的發情期，豈非每個月的某幾天，全世界有部分成年男女，都不約而同的在做同一件事，不影響日常生活和秩序才怪！

動物既有求偶的發情期，又不會固定跟同一個對象交配，而是今天這個、明天那個。反觀我們貴為萬物之靈的人類，成長後隨時隨地都處於發情期，隨時隨地也可以交配，也隨時隨地處於想要性交的狀態。人類雌性發情期的消失，暗示人類縱慾和雜交、亂交這個後果。我們這種天天均能發情的物種，卻偏偏制定了一夫一妻的婚姻制度，表面上要雙方侶伴彼此貞忠，暗底裡卻可能是最不守貞的，不是很諷刺嗎？

13.
男人為何總被女人的胸脯所吸引？

引 言
男人之所以對年輕女子感興趣，是因為他要衡量每個潛在伴侶的整體女性特質，來作出相應的性選擇，這就是達爾文《性選擇》的精妙之處。

說真的，男人得感謝偉大的造物主，給女人胸前裝上兩個半圓球型的物體。別小覷這兩件東西，它們給女人的胸部平白添了一道亮麗迷人的風景線，正是「橫看成嶺側成峰」，令男人看得如痴如醉，甘願拜倒石榴裙下。我們也得拜乳房所賜，讓我們出生後享有第一口糧。也全賴這口糧，人類這物種才得以存活到今天。

自遠古時代起，女人就懂得發送性信號去吸引男人，一如花朵藉著鮮艷的顏色向昆蟲傳遞信息一樣。對男人來說，一個女人愈能展現她的女性特質，例如豐滿渾圓的胸脯和臀部，就愈能令他相信她有足夠的條件，把他的基因傳給他的下一代。要展現女性特質的地方可從哪裡做起呢？那就是把乳房向上托起，穿低胸衣服，凸顯出胸部看來酷似臀部。

在所有靈長類動物中，只有我們人類女性的乳房最為特殊。雌性的靈長類動物，即便到了性成熟期，平坦的胸部仍會一如往昔，毫無異狀。只有在妊娠期間，特別是在產後，出於哺乳的需要，乳房才會比平時稍為隆起來，那是因為乳頭周圍的皮下組織，其乳腺分泌出乳汁。

由此觀之，整體一雙乳房純粹只是哺乳器官而已，並無「性」的本質和含義在內。但若從乳房是女性身體第二個重要的性敏感區這一事實來看，則乳房的第一功能和意義是性器官，第二功能才是哺乳器官，因為只有在女性產後需要哺乳，乳房開始分泌乳汁時，乳房才會成為哺乳器官。在此之前和之後，乳房仍算是一個性器官。

在性行為中，乳房是女性除生殖器以外最敏感的器官。在受到性刺激時，如觸摸、愛撫、親吻等，乳頭會勃起，乳房因靜脈充血而膨脹變大，過後這些轉變又會逐漸回復正常。如果夠長時間兼正確地愛撫乳房，也一樣會導致女性性高潮。

我們人類的雌性，自發育完成後，即便從沒生育過，乳房也是長年「脹卜卜」的。為什麼會是這樣子呢？情況很可能是這樣：在某一天，原始部族中部分懷了孕的婦女，其體內基因發生了突變，乳房的乳腺給隆了起來，跟其他懷了孕的婦人產生了差異，而這種差異原來是可以遺傳的，於是進化就開始了。在乳房隆起的過程中，有了一個至關重要的改變因素，那就是男人的性選擇。稍微隆起

的乳房有利於哺育下一代，這一微妙變化自然被男人注意到，很快乳房隆起的婦女就成了搶手貨。

在不斷重複的篩選下，因乳腺較為發達而令乳房隆起的女人，自能獲得較多男人的青睞，因而取得更多的交配機會。較大乳房的遺傳基因一旦給進化開來，這類婦女的女兒自能承傳和複製，結果也能擁有較大的乳房。至於那些乳房沒有隆起的婦女，就漸漸給邊緣化，若干代後就給淘汰了。相較古代的裸猿，近代女性體內的脂肪更趨向積聚於胸部，讓乳房隆了起來，變得豐滿挺拔，呈現哺育時的豐盈樣子，以至最終女人的胸部被列作「性的標誌」。

在所有哺乳類動物中，人類女性的乳房的確與眾不同。雙乳從少年期開始發育，至青春期就發育完畢，呈半圓錐形，且不管是否需要哺乳，仍保持原有形狀。其他雌性哺乳類動物的胸部，只有在幼崽產下來後需要哺乳，乳房在注滿乳汁時才會鼓起。餵飼期一經結束，一雙奶子便會萎縮下來，呈現以往乾癟瘦小的樣子。對一般雌性哺乳類動物來說，鼓脹的乳房只會給牠們造成不便，妨礙牠們作息和覓食，因而覺得累贅而感到煩厭。

乳房的美在於它們的形狀，可此一情況並非恆久不變，會因時間的消逝而萎縮。要保持乳房堅挺不變，肯定要付出代價。外科整形手術，也就是隆胸，會是其中一個選項。一般來說，形態理想的乳房只會在年輕、未生育過的女子身上找到。單憑乳房的形狀，也能顯出女人的年齡和生育潛質。

女人的胸骨跟骨盆呈正比，胸骨小，骨盆也小。盆骨小的女子會面臨難產和死胎的危險，其生殖能力因而會受到限制。小骨盆的女子即便順產，嬰兒生下來時的頭顱也肯定較小，而頭骨的發育跟智力尤關，這樣的後代將處於競爭的劣勢端。從這角度看，男人多喜歡大胸的女人，這自然是性選擇下的取捨，單純的動物本性而已。

　　因進化關係，乳房成了女性體內貯存脂肪的一個重要器官。由哺乳以至照料孩子，會消耗母親大量體力，如果做母親的營養不良，她很可能難以把孩子餵飽。早年由於嬰兒奶粉配方尚未給開發出來，母親倘不能哺乳，會給孩子造成致命的打擊。在古代，「乳娘」的存在就是出於這個需要。因此，女性一雙豐滿的乳房，就成了一個重要的指標，表明她有能力生養孩子。

　　女人的乳房又圓又大，可乳頭卻又短又小。為了能吸到足夠的奶水，嬰兒就必須發展出有足夠強力的吸吮功能，這有賴長出密不透風的嘴唇來把乳頭緊緊的罩住。是以愈是豐盈的嘴唇，密封性就愈強，吃奶時才不致外洩。換句話說，嬰兒豐滿的嘴唇明顯是為了大乳房而度身訂造的。如果嬰兒沒長出那兩片具吸吮功能的嘴唇，女人就無法通過「幼態持續」（註1）**，來保留那張烈焰紅唇。可以看出，從乳房到嘴唇，從腰肢到臀部，女人一直不斷的在打造和強化她身上的性信號，為的就是要牢牢抓住男人，從而保證隱性排卵策略的順利施展。**（註2）

　　在形態上，男人跟女人最大的區別在於胸部，是故女

人隆起的乳房，就成了她的第二性徵（第一性徵是陰戶）。乳房是公開可見的，在衣服遮掩下不單若隱若現，在餵飼嬰兒時也會給人看見。在歌頌裸體美女的藝術繪畫中，乳房亦不時出現。是故女人最受人注目的，除了面孔，就是這個地方了。女人永遠無法理解男人對乳房的痴迷程度，他們可以整夜流連在那柔滑如絲的肌膚上，首次體驗這個情節的女人可能會大吃一驚，禁不住暗暗自忖：難道這個男人還在懷念孩提時的場景不成？

凡女人都知道，一雙乳房的大小跟能否吸引男人的眼球有一定的關係。或許，女人豐滿的乳房實在是個完美的部位，以至男人的「乳房情意結」長久不能終止。不言而喻，男人對乳房的痴迷跟戀母情意結，有如一個銅板的兩面。從某個角度來看，後者是前者的延伸，也可以說是戀母情意結衍生出來的副產品。男人即使長大成年後，心理還停留在「口腔期」，潛意識中仍眷戀著嬰兒哺乳時的快感，是以吸煙這行為被說是幼兒「口腔期」的延續。

上述理論出自奧地利「心理分析」（Psychoanalysis）鼻祖、一代宗師佛洛伊德醫生（Sigmund Freud）。他認為一個人從出生到衰老，一切行為都離不開本能衝動的支配。他將人的性心理發展劃分為 5 個階段，分別為口腔期（Oral Stage 出生至 1.5 歲）；肛門期（Anal Stage 1.5 至 3 歲）；性蕾期（Phallic Stage 3 至 6 歲）；潛伏期（Latent Stage 6 至 12 歲）以及性器期（Genital Stage 12 歲至成年）。前三個階段，即由出生至 6 歲的性心理發展，構成了成人人格

的基本組成部分，這意味著兒童的早期經歷和生長環境，對其成年後人格的形成，起著至關重要的作用。

佛洛伊德憑他多年的行醫經歷，發現許多成年人的變態心理和心理衝突，可以追溯至早年間的創傷性事件，和備受壓抑的情意結，並可以從那兩處找到根源。例如在襁褓時被奶瓶餵飼的嬰兒，經常在未吃飽奶之前奶瓶便被拿走，長大後很難會信任別人。他又提到兒童經常被迫強忍大便，長大後多會變成守財奴。他從大量的心理分析數據中，證明吸吮乳汁不僅是嬰兒的第一個活動，也是終其一生整個性活動的起步點。

至於那些在襁褓時被奶瓶餵飼的男人，或者經常得不到母親足夠乳汁哺育的男人，長大後便會迷戀大乳房的女人，以求補償。這等男人有個錯覺，以為那些大乳房的女人，會有源源不絕的乳汁，是他們早年所渴望而又經常得不到的，因此成年後要去追求大胸的女人，來彌補嬰兒期的缺失。當他們吸吮大乳房時，便能重獲等待已久的那個感受[註3]。

另一位大名鼎鼎的英國動物學家德斯蒙德·莫利斯（Desmond Morris），亦有他自己一番獨特的見解。他認為四足行走的靈長類動物交配時採用「後入式」，也就是雌獸俯伏在地上，用牠在發情期凸起的臀部和發紅的陰唇（兩者都在牠的後肢），作為性信號來吸引雄獸。直立行走的古猿，採用的是面對面的交媾方式[註4]。**雌猿為了要展示牠的性信號，就把經已進化出隆起的乳房和鮮紅的嘴**

唇，轉移到身體的正前面，代替以往單靠翹起的臀部和陰唇來吸引雄猿。

早在數百萬年前，男人對女人的審美眼光經已形成。當古人類還住在山洞裡，過著朝不保夕的日子時，洞穴內的男人早就留意到個別女人身體上的一些特徵，例如凸出的乳房、纖細的腰部和翹起的臀部，這些最能反映出她的健康情況。同樣，能夠吸引女人眼球的，多是那些孔武有力、能給她周全保護，免她遭受侵犯，或能給她提供食物和物質上所需的男人，是故女人通常會被體型高大或健碩的男人所吸引。至於那些掌握權力的男人，例如首領，也就顯得更勝一籌，因為他們擁有更多的資源去供她支配使用。

（註 1）有關詳情請參閱第 11 篇〈烈焰紅唇到底要告訴男人些什麼？〉
（註 2）有關詳情請參閱第 7 篇〈雌猿為何故弄玄虛隱去其發情期？〉
（註 3）有關詳情請參閱第 14 篇〈女人的一雙乳房真的中看不中用？〉
（註 4）有關詳情請參閱第 5 篇〈發情期中的雌猿為何要遮掩下體？〉

14.
女人的一雙乳房真的中看不中用？

引 言

在形態上，女人跟男人最大的區別在於胸部，是故女人隆起的乳房，就成了她的第二性徵。女人最受人注目的，除了面孔，就是這個地方了。

吸吮原是嬰兒一種先天性無條件反射，每當乳頭或手指碰觸初生嬰兒的嘴唇時，他們就會自動吮吸，舌頭也會自行蠕動。有西方心理學家認為，母嬰之間的哺乳行為，並不局限於餵飼和養育，也是雙方肌膚和心靈上互相滿足、慰藉的一種互動和反饋，存在著一種相互刺激的因果關係，具有「性」的元素，卻並非普通意義上的「性」。透過吮吸母乳，除了讓嬰兒打從心底裡體驗到被愛和被接納的感覺，也能引致母親的子宮加快收縮，期間達到短暫的絕育效果。

男人對女人乳房的迷戀，是他性幻想的泉源，有關這一點得從他整個成長階段說起。自他離開媽媽溫暖的子宮，繼而來到這個花花世界後，他便跟媽媽的乳房建立起極其親密的關係，讓他一天可多次專享跟媽媽最溫馨的時

刻。每次哺乳時，他總能嗅到她身上一股甜美的氣味。伴隨著他耳畔的，是她那很親切溫馨的語調，兼很具韻律感的心跳，讓他舒暢地躺於她的懷裡，邊吮吸著甘甜的乳汁，邊悠然地墜入夢鄉。

男人之所以特別喜歡胸部豐滿的女人，跟他兒時的記憶不無關係。當年的他，小嘴一邊正在吃奶，小手一邊卻正輕撫著母親光滑柔軟的酥胸，那種感覺給他留下了不可磨滅的印象。他僅憑嗅覺、觸覺、視覺、味覺和感覺，就能喚起當年幼小時的情景。記憶所及，每當他飢腸轆轆，就有一隻雪白晶瑩、又大又軟的乳房，湊過來他那張小嘴處。他只需微微張口，就有源源不絕兼和暖的乳汁給他喝個飽。

在當下，他邊吸吮，邊享受著這種舒暢無比的快感。他得到的印象是：乳房愈大，他的口糧愈充足。這也難怪，有哪個寶寶會願意在自己肚子「咕嚕咕嚕」叫的時候，湊過來的奶子乾癟且瘦小？那只能意味他要餓肚子了。

寶寶對媽媽的乳房一向有極強烈的佔有欲，如果家中有哪個小朋友想要鑽進她懷裡撒嬌，他準會用撕心裂肺的哭鬧聲來抗議，以示阻止。在他心目中，媽媽的乳房是他的專屬區，是他個人擁有的，也只有他才能獨佔。自此，他對乳房便產生了一種無法捨割的牽掛。

可隨著寶寶一天一天的長大，他很快便得面臨人生中首次、也是最大的一次挑戰，那是他最不願意面對的事——斷奶！期間他除了要適應新的口糧外，還要學習適

應每天跟媽媽作數次短暫的分離。他不能理解為什麼會是這樣，他是多麼的渴望能再回到媽媽的懷裡，再一次吸吮她的乳汁，再摸摸那雙屬於自己的乳房。遺憾的是，他這個小小的要求就是無法達到的了，內心強烈的渴望一再被抑壓，只好暫且埋藏心中，結果成了他日後長久的思念和追憶。

　　3至5歲的寶寶，在進入幼兒期，開始意識到自己再也不能隨意的看到、摸到和吸吮到媽媽的乳房，可他對她乳房的依戀卻沒半點改變，偶爾媽媽讓他隔著衣服摸摸，也會覺得是天大的恩典，這成了他幼年時最美好的回憶。年紀稍長，他開始明白自己是男生，媽媽是女生，男生不可以隨便摸女生，這樣做是沒教養，自此觸摸乳房成了一種「禁忌」。

　　兒童期的男孩開始對一些事物感到好奇和不解：我是從哪裡來的？為什麼自己的身體跟成年人不一樣？為什麼爸媽可以睡在一起，自己卻不可以？為什麼同年紀的小女生胸部跟自己一樣平平的，可媽媽和姨姨們卻是鼓脹的？為什麼男人要進男洗手間方便，卻不可以進女洗手間……他小腦袋裡委實有太多的疑問，問爸媽和老師，可答案卻總不能令他滿意！

　　青春期的男孩子，一般都有窺探女生乳房的慾望，尤其是當他們目測到鄰座女同學日益豐滿的身體。很快，好奇心變為幻象。有了幻想，慾望便接踵而來。是以最令女同學們既尷尬又感到備受壓力的一件事，就是每天得硬著

頭皮、挺著正在發育的胸部回校上課。不論胸大胸小，總會給班中思想幼稚的男同學取笑，或在嘴巴上討便宜。怪不得女同學們大熱天時，死命也要披著一件針織背心，拿來擋一擋那些猥瑣男同學們灼灼的眼光。

無論兒時吃奶的感覺是好是壞，成長後，男人終其一生也不可能再體現當年握著小拳頭，面對著乳房時的那種滿足感和幸福感。自此，他對乳房便有了一種崇拜和一絲無以名狀的渴望。很明顯，男孩子們都得等一段長時間，才能有機會跟乳房再作親密的接觸。可愈是難以得到的，就愈顯得神秘和珍貴，他們只好帶著對乳房的幻想步入青年期。

就是這樣子，男孩子再次看到或觸摸到乳房，經已是相隔十多年後的事了，這雙乳房的主人當然是另一個女人。回憶是美好的，現實卻總是最真實，那種觸摸的感覺是異常的刺激，讓他血脈僨張。不管男人的年齡有多大，對他來說，女人身軀最性感的部位就是她的酥胸，只要盯上一眼，就會引致他血氣上湧，兼且牽動著他的情慾。

女人就是無法理解男人對女性乳房的痴迷程度。事實上，女人的身軀對男人的誘惑，大大超出女人想像之外，直接影響著他的視覺官感和官能感覺。一雙高聳的乳房，能使男人目為之眩，著迷不已，忍不住要欣賞它、接近它、觸摸它、親吻它……這些全是男人的原始本能。性心理學家大多認為，痴戀女性大胸脯的男人，都潛藏著「戀母情意結」，成年後潛意識中還不時尋覓兒時哺乳期吸吮的快

感。男人可以整夜埋首於那處柔滑如絲般的肌膚上，讓女人誤以為男人還沒真正長大，尚未捨棄孩提時的吃奶習慣！

位於女性乳房頂端乳頭的周圍，有一圈粉紅色的腺狀地帶，稱為乳暈，會散發出一種氣味，能使男人大腦產生性興奮。乳暈上有許多突起的小圓點，其分泌物有保護皮膚、潤滑乳頭及嬰兒嘴唇的作用。乳頭跟乳暈的顏色，主要取決於遺傳因素，一般人以為乳頭跟乳暈呈粉紅色才是處女，實際上這是一個根深蒂固的誤解。

男人對女人乳房的大小，喜愛並無一概的定論；他不但喜歡碩大的乳房，對小的也持著「來者不拒」的態度。他內心甚至有一個古怪心理，認為小胸脯的女人是因為給別人撫摸得少，或從未被撫摸過，是以男人總喜歡找個清純的女孩子來做情人。通常男女談戀愛，過程總離不開拖手、接吻、愛撫，特別是乳房部位，很少男人可以免除這個俗例，單刀直入最後一個環節的。女人若能面對男人這種挑逗行為而不加抗拒的，多是表示可以接受他進一步的行動。

當男人一旦愛上一個女人，他對她身上任何一個部位，都會喜歡甚至想去探個究竟。如果把女人最誘人的部位分為十處，那麼據調查發現，2% 的男人會選擇大腿，3% 會選擇背部，4% 會選擇腰部，5% 會選擇頭髮，7% 會選擇小腹，8% 會選擇雙腳，9% 會選擇臀部，10% 會選擇私處，12% 會選擇雙手，而 40% 的男人則會選擇雙乳。

有人說男人對圓形的東西，例如籃球、足球，有特殊的癖好，對女人的胸部更是如此。男人最愛女人跑起路來時「波濤洶湧」，這會給他們帶來無限的遐想和動感美，只恨不能伸手去摸一把！

英國《每日郵報》曾公佈一項最新研究報告，說 47% 的男性和異性面對面交談時，第一眼就會注視對方的胸部。其次，近 30% 的男性會首先關注對方的腰部和臀部，只有不足 20% 的男人才會一眼望向女人的臉。無獨有偶，美國一份心理調查顯示，男人眼中女性最有魅力的部位，依次為胸部，臀部，腳部，臉部，頭髮。該調查亦同時顯示，對女性胸部豐滿與否的態度，男人與男人之間亦各有不同。愈是運動細胞發達、雄性激素旺盛的男人，愈是喜歡胸部豐滿的女人。反之，那些文質彬彬、書卷氣重的男人，或宗教意識較濃的男人，則喜歡胸部嬌小的女人。

何以女人胸部受男人這等「重點關注」呢？道理不言而喻，乳房除了哺乳之外，在大部分時間裡卻只有一個功能，那就是發出強烈的性信號，對象當然是男人！那些擁有堅挺而富有彈性胸脯的女人，正好顯示她們處於性活躍期和生育高峰期，自自然然就成了男人最理想的配對，所以一直受男人歡迎。反之，那些看來營養不良的瘦弱女人，就明顯的失去了優勢，吸引不到他們的青睞了。

從功能性的角度去看，女人的乳房真的是「中看不中用」！首先，乳房大小與生育能力無關，即使能吸引到男人跟她交配，亦不代表男女任何一方有繁殖下一代的能

力。其次，乳房大小亦與乳汁多少無關，即便生了孩子，也不一定有充足奶水提供給寶寶，因乳汁實際上是由乳腺組織而不是由乳房脂肪分泌的。胸部大，只表明裡面的脂肪多，到要產奶時，反沒有空間來貯存乳汁，是以廣東人有一句俗語，叫「大奶女人餓死仔」，正是這個道理。此外，如果乳房太大，有機會在哺乳時壓住嬰兒細小的鼻孔，引致呼吸受阻。

以色列生物學家 Amotz Zahavi，就曾提出過一個「缺陷原理」（Handicap Principle）。他解釋為何身體上如乳房這種「不利條件」，反而對自己有利。他以雄性孔雀為例，說明生物個體通過展示其不利條件，尤其對同類的異性展示，反可炫耀自己具有優秀的基因。他為何有如此荒誕之說呢？

原來，雄性孔雀向雌鳥展示其累贅的雀屏，就是炫耀牠的天賦條件。牠能長出這麼奢華卻異常笨重的一束羽毛，表示牠有本領，拖著這個裝備，不但行動自如，更能逃過天敵的捕殺，說明牠天生異稟，是個首選的交配對象。人類女性的乳房，不也是「不利條件」的裝備嗎？憑藉一雙豐滿拔挺的乳房，女人可以向男人炫耀她具備優良的外在條件——良好的健康狀況和優良的基因。

活在今天，大乳房的女人是否佔盡優勢？答案是否定的。她們有很多負面的地方，是一般人沒法想像到的。乳房愈大，尤其是 D 罩杯以上的女人，愈容易出現背痛和脊柱彎曲，反而乳房偏小的女人沒這等煩惱。做運動時，大

胸脯的女人問題也可多著呢！設法想像一下她們跑步時，有兩個重達七、八磅的半圓球物體，在前胸「拋上拋下」、「球來球往」，「肉」罷不能，簡直是活受罪！她們彎著腰俯著上身，給自己繫鞋帶時，雙峰給擠壓在大腿上，感覺肯定不好受！

　　的確，大胸脯帶來更多的是別人無法體會的困擾，包括「不能穿有紐扣的上衣，壓迫感如影隨形」、「很難買到合適的連身衣服」、「襯衣上的圖案常給撐至變形，直線條全變了斜線」、「胸下容易出汗」、「食物碎屑常給掉到乳溝，給別人看在眼內，感受到的是雙倍的自疚和尷尬」……女生更常因大胸而無法選擇自己喜歡的內衣，衣服穿起來讓上半身看來很臃腫，不然就是沒時尚感。此外，脖子更因韌帶長期承擔雙峰的重量，以至經常處於緊張狀態，大大增加了頭痛的機會。一言以蔽之，女人的線條美，重點在於均勻，超大反成了負累！

15.
女人如何藉乳房給男人發性信號？

引 言

面對著女人胸前一雙赤裸的乳房，不同的人可以有不同的解讀。男人看到的是性愛，嬰兒看到的是賴以為生的口糧，行醫的看到的是疾病，做生意的看到的是商機。

　　動物界中有一個常規，那就是雄性的外表，往往比雌性來得華麗悅目。我們暫且不說艷驚四座的雄性孔雀，只單以雄雞為例。身處毫不顯眼的母雞群中，雄雞總是那麼的雄糾糾、氣昂昂、英姿煥發、光彩奪目。可在哺乳類動物中，我們就很難找到雌性比雄性更亮眼的例子了，只有我們人類是個例外。為何女性反比男性漂亮、動人，到底其中隱含了什麼異樣的進化邏輯？

　　在哺乳類動物當中，雌性往往不需要依靠雄性來生存。在發情期間，牠只需挑選一頭雄性來交配。交尾行為一告結束，雙方就頭也不回，各走各路，互不虧欠。後續的妊娠，即從受孕至分娩的整個過程，基本上由雌性自行「搞定」。可人類女性早已不具備這個優勢了，她們在挑

選男人的同時，在當下也被男人挑選。如果她們仍像其他雌性哺乳類動物的長相那樣平淡，最終只會落得「剩女」這個下場！

　　因進化關係，遠古年代的人類不再以四肢來爬行，改而直立行走，結果導致生存環境和繁殖條件產生重大的變化。出於生存的壓力，一個懷了孕的女人首要解決的，是如何把她的男人留住，去共同養育下一代。如今看來，最理想的解決方法，當然是實行一夫一妻制，可在當時，根本就辦不到。在同一個族群中，由於男女比例大致均衡，基本上不會有很多男人找不到配偶。可正正就是這個原因，讓男人多了選擇，他們反而不會因擁有一個女人而滿足，結果導致群婚制的產生，也就是多夫多妻制。

　　面對此一困境，女人要把她們的男人強行留下來，絕對是一個嚴峻的考驗。為什麼呢？因為活在那個年代，女人本就很不容易獨自在野外求存。首先，男人因要外出狩獵，往往居無定所。況且他跟其他的大型雄性動物一樣，會到處去找異性來交配，性濫交這現象很是普遍。故此，當女人「看上」了一個男人，並跟他相好一段時間後，便會緊緊抓著他不放，獨佔他，好讓他長時間留在身邊。女人這樣做主要是想要這個男人不斷為她提供肉食，特別是在懷孕期間大腹便便，無法從事體力勞動的時候。而孩子生下來也需要他協助及維持下一代的生存環境，免遭別的男人殺害。她更要他的保護，以免受別的男人侵犯。

我們有理由相信，原始人類的成年雌性，在過去一段長時間中，其乳房同樣是在懷孕後期才開始發育的。我們的祖先以狩獵為生，平胸有利敏捷行動，一來方便追捕獵物，二來也易於逃脫猛獸的襲擊。當時的男人大概不會喜歡大胸脯的女人，因為擁有一雙健碩的乳房，標誌著她正處於發情期，隨時會懷孕，也可能表示她正在哺育。一個正在懷孕、待產或哺乳的女人，成了一個消耗者，而非生產者，更因要照顧嬰兒，無暇也沒興趣跟男人性交，也更難成孕。因此之故，對洪荒時代的男人來說，女人的一雙大乳房對他們來說毫不吸引，反像一塊閃動的告示牌，上面清楚的寫著：「不要跟我性交，我現在不能生育，只會浪費你的精子。」

　　為了得到男人的青睞，女人展開了絕地反擊，手法就是靠隱蔽起自己的排卵期，以及積極擴展她既有的外貌特徵，也就是她的天賦本錢。經過漫長的「物競天選、優勝劣敗」[註1]這一殘酷的自然法則淘汰後，女人終於成功逆轉了動物界中長久通行的不二法門，長出了比男人漂亮迷人的身段和面孔。再經無數代的演變和進化，女人慢慢積聚起了自行挑選男人的優勝條件。無論是暫時性或長久性一男一女的配對，女人都能下意識的保持其性吸引力，因為只有這樣，她們的男人才會願意留下來，不去找別的女人。

　　在基因突變下，首批為數不多但具有「長期性乳房」的女人便產生了。她們的出現，讓當時的男人對乳房的「觀

感」，頓時起了重大的轉變，變得樂意甚至偏愛跟她們做愛，最終徹底的淘汰了為數眾多，具有「短期性乳房」的女人，連帶那些原本只喜歡沒懷孕且平胸女子的男人，也因沒能留下自己的基因而告滅絕了。

可這一情況卻對後世的男人形成了巨大的壓力，他們被迫進化出「隆起的乳房是性感的」這一心理，更演變出只對有乳房的女人才產生性慾，更讓他們對長期擁有乳房的女人，養成了一種恒久的偏好，結果具有長期性乳房的女人愈來愈多。在「適者生存」這個大環境下，女性的乳房只能變得愈來愈大，而男性則愈來愈覺得只有大乳房的女人才算具有性吸引力。

女人的乳房肯定原本不是現時這樣子的，而是在漫長的進化過程中逐漸變大了。在遠古年代，女人在製作、烹調及貯存狩獵所得的食物時，並不用付出重大的體力，但擁有一雙大乳房卻只會構成不便，故不能解釋為何她們要長出一雙大乳房來，除非這雙大乳房另具某些特殊目的，或帶來更多的回報，否則女人平白擁有碩大的乳房，只能算是負累而已，情況跟雄性孔雀尾部擁有一束非常累贅的長羽毛一樣。

現今全世界的男人，他們的老祖宗都是遠古第一批喜愛長久性乳房的男人。要是當年女人沒進化出一雙堅挺且屬長久性的乳房，她們要隱蔽起排卵期這一策略就要面臨失敗。當男人一眼看出原本不大的乳房突然隆了起來，就知道這個女人正處於妊娠期，他們曉得懷了孕的女人沒可

能給自己生孩子。因此之故，女人最佳的策略就是把乳房跟懷孕兩者之間的關聯性消除掉，也就是讓乳房一直保持隆起的樣子，讓男人無法判斷女人是否懷了孕，從而達到「混淆視線」這目的。

　　自採取直立行走這姿態後，女人胸前凸出的乳房，就成了被人重點關注的地方。比起其他靈長類動物的雌性，人類女性的乳房佔身體的比例最大。乳房雖是哺乳器官，內裡的脂肪組織卻佔了很大比例，反不能提供更多的乳汁。是故女性隆起的胸部，似乎只是為了吸引男性而設，目的就是要傳送強烈的性信號。但問題是：如果男人覺得女人的乳房秀色可餐，那雄性猿猴對其雌性的乳房也一定無法抗拒了，可事實是這樣子嗎？

　　在奶粉配方尚未給發明以前，一個女人如果擁有一雙大乳房，當然有助她提升哺乳能力。她甚至可以向她的男人證明，她擁有足夠的條件，能在食物短缺時給孩子提供額外的營養。這一解讀當然有理，但並不足以解釋為何她需要那麼大的乳房。也有人認為大乳房的脂肪組織能給母乳保溫，是個天然的保溫瓶。不過，就算大乳房真的有保溫作用，也只需要在哺乳期間增大一點就行了，沒有必要長年累月的保持原狀。

　　不過，有另一個觀點深得男人的認同：一雙堅挺的大乳房，好比一個廣告牌，是女人用來向男人表明，乳房的主人經已性成熟，正處生育旺盛期。作為廣告牌，大乳房具備了一切必要條件——掛在胸前，給男人一眼望見，能

令他們目為之眩。加上沒有胸毛遮擋，裸露的皮膚雪白晶瑩而有光澤，讓展品一覽無遺，自然令男人的心臟和脈搏加速跳動。

一直以來，在倫敦街頭，慣性出現不少大幅廣告，選用穿著暴露、表情誘人的女模特圖片來吸引行人，以至對男性駕駛者構成巨大的潛在危險。英國的一份調查報告顯示，有近 1/4 的英國司機承認，他們曾被路邊穿著暴露的模特廣告牌吸引，以致偏離車道，造成交通事故。而性感模特廣告以 26% 的比例，當之無愧成了公路「頭號殺手」。

明白了乳房的性信號功能後，我們就很容易理解造物主對乳房整體的巧妙佈局。乳頭坐落在淡紅色乳暈之上，處於乳房正中頂部，活像是個標靶的紅心，除了顯得格外誘人外，也能讓目測者輕易察覺到它是否正圓，又或乳房是否堅挺。倘若乳頭指向下方，等於向男人發送錯誤的信息，誤以為乳房經已下垂，成了年齡增長的印記。

是以愈是豐滿的乳房，地心吸力的不利因素也就愈快顯露出來。此外，一對外觀相同的東西長得愈大，就愈是難以讓它們保持對稱。很明顯，一雙對稱的乳房是健康的表徵，因為只有非常健康的女人，才可以長出一對豐滿而又對稱的乳房。也只有這樣子的一雙乳房，才會經常被用來作為評選的重要標準，尤其是在舉行選美的時候！

至於那些平胸的女子，大自然又為她們作出了些什麼安排呢？相對大乳房的女性，平胸的女子採取了一個截然

不同的策略。既然「拼胸」沒望了，倒不如保持發育時的狀態，那就是「幼態持續」^(註2)。這樣一來，平胸的女人看來像是還沒完全發育的樣子，讓男人誤以為她們還很年輕。一般而言，平胸的女人受男人追求的機率和熱度較低，出嫁也較遲，平均生育年齡可能更晚。可凡事無絕對，她們比起大胸的女人也有稍佔優勢的一面，就是衰老的速度較慢，畢竟她們沒有容易下垂的大乳房，也有更充裕的時間找到較合自己理想的對象，儘管「嫁得出」的時間稍晚。

人類由於沒有固定的發情期，因而導致頻繁性生活的產生。男女雙方的性行為，可以作為情感紐帶，有利於維繫相對長期、穩定的兩性關係。人類因直立行走的關係，男女兩性採取面對面的交媾方式，就要把展示性信號的器官移到身體的正前面。女人進化出隆起的乳房和鮮紅的嘴唇，作用就是模擬臀部和陰唇來吸引男人。有人類學者指出，男人喜歡女人的乳房，是因為喜歡女人的臀部，事實上，乳房以進化來模仿臀部的樣子。以史前古猿為例，雌猿的乳房被埋在長毛下，很難給看到，所以在向雄性示愛時，往往要轉身，把後身鼓脹而泛紅的屁股向著對方。自直立行走後，女人臀部的能見度明顯下降，乳房的展示效能卻隨之提升，結果乳房長得愈來愈像又大又圓的臀部。

有統計數字顯示，因早發育的關係，一個大胸的女子第一次來月經，比同齡而小胸的女子要來得早，她失去童貞時相對也更年輕。同樣，一個年輕兼擁有大乳房的女子，很可能會很早就成了母親，也會為男人生下更多的孩子，

亦有更大機會出現多段婚姻和婚外情，也就是一生中會有過多個男人。上天似乎給了這些女孩子一個特殊使命——盡早成熟、盡早交配、盡早生育。可隨之而來的，她們衰老的速度也比平胸或小胸的女人來得要快。

（註 1）「物競天選、優勝劣敗、弱肉強食、適者生存」這四大名句，出自我國清代文人嚴復手筆。他於 1897 年將英國生物學家赫胥黎（Thomas Henry Huxley）寫的 *Evolution and Ethics*（《演化論與倫理學》）譯成中文，改名為《天演論》，當中有部分屬他個人的見解，並非原著的論述，這點後進者必須瞭解。

（註 2）有關詳情請參閱第 11 篇文章〈烈焰紅唇到底要告訴男人些什麼？〉

16.
人類的雌性為何總比雄性更漂亮？

引 言
女人比男人有更美的容顏和身姿，且更願意強化她
們的女性特徵，那就是豐乳、纖腰、翹臀和長腿，
以投男人之所好。但為什麼女人比男人漂亮，且更
愛美呢？

自然界中大多數雄性動物，都比雌性漂亮。這一點在
鳥類身上尤為顯著，原因是雌鳥慣性地從眾多追求者中，
揀選出一個牠認為最合適的交配對象。只有贏得牠的芳
心，這位被「相中」的如意郎君，才能算是「真命天子」，
也只有牠才可以成為「入幕之賓」。為了得到更多交配對
象，把自己的基因承傳下去，雄性物種只好不斷進化，但
求表現一代比一代出色。

相對絕大多數外貌樸素兼平庸的雌性動物，同類的雄
性外形卻總是漂亮、威武得多，這樣的例子多到不勝枚舉，
例如雄孔雀尾部的羽毛、雄雞頭頂上的雞冠、雄獅頸項的
鬃毛、雄鹿頭上的犄角等等。當然，美或不美絕對是主觀
的看法，但雄性身上的確總帶著一身悅目奪眼的華采，要

麼就是英姿颯颯，要麼就是五彩斑斕，可相對來說雌性卻總是那麼灰頭土臉、平平無奇！是以我們不得不承認一個事實：人類的雌性確是比雄性來得漂亮、柔美，這點跟動物界的普遍情況剛好相反。概括點說，同一物種的雄性動物比雌性更漂亮是「正常情況」，而人類雌性比雄性更漂亮反是個「例外情況」！

根據美國進化論學者暨社會生物學專家羅伯特·特里弗斯（Robert Trivers）的理論，他認為在所有動物中包括人類，對下一代投資較多的一方是「選擇方」，投資較少的一方是「被選擇方」。在交配這回事上，選擇方相對謹慎、挑剔，而被選擇方為了取得交配權，要跟同性展開激烈競爭，獲勝後才能得成好事。在動物方面而言，比拼重點在於毛色亮麗、啼聲響亮、身手敏捷、孔武有力等。

需要補充的是，動物界中的雄性長得好看，並非只是要讓雌性覺得「賞心悅目」而已。在自然選擇（Natural Selection）下，美貌是結果，不是原因！「長得好看」，往往是優質基因的一種信號。我們再拿雄孔雀尾部的羽毛、雄雞的雞冠、雄獅的鬃毛、雄鹿的犄角來作例子。牠們亮麗的外形，是旺盛的雄激素所造成，而雄激素分泌水平直接影響雄性的生殖能力，進而影響牠們後代的體質，也就是賴以生存的本錢。

當然，雌性在進行性選擇的同時，並不意會到這些信號跟優質基因有任何直接關係。牠們可能只是單純地喜歡

眼前的這位獻媚者而已，最終自然選擇的法則會替牠們作出評選。勝出的那一位雄性，牠的雄性子孫後代便會遺傳牠的美貌特徵，而其雌性子孫又會繼續對這種既定雄性特徵有所偏好，以至世世代代相傳下去。

上述有關「性選擇」（Sexual Selection）理論的精妙之處，早在 1871 年，達爾文（Charles Darwin）在他的《人類的祖先和性選擇》一書中，就已作出詳盡的闡明，並加以簡單歸納為「挑剔的雌性、競爭的雄性」理論。其實，跟大多數哺乳類動物一樣，我們人類也遵循這個叢林法則。不管我們有沒有意識到，抑或是否刻意的去否認這一點，性選擇早已寫入我們的基因，並悄悄地左右著我們在擇偶時的選擇。

在哺乳類動物中，大多數的雌性對下一代的付出比雄性多出許多倍。雌性成孕靠的是牠體內的卵子，養分多但數量少。反觀雄性的精子，養分少卻數量龐大。以鳥類為例，在雌鳥其後的築巢、孵蛋、覓食、哺育和保衛下一代成長的過程中，牠的投入比雄鳥多出不知幾多十倍。相對而言，雄鳥的角色僅是精子提供者，徒具「父親」的虛名。牠往往在交配完成後便展翅高飛，揚長而去，所有事後的工作都留給雌鳥去獨自承擔，既不聞不問，也絕不關心。

雄性和雌性物種在生殖投資方面，要考量的情況各有不同，對交配的對象各方面的要求也因而各異。對大多數哺乳類動物來說，雄性因付出比較少，主要是貢獻牠的基因，交媾授精後其使命也就差不多完成，故對雌性不會有

太多挑剔。但雌性卻不然，牠的生殖投資比起雄性要大得多。在受精之後，牠還得忍受長時間懷孕期帶來的種種不便，還要在產下幼崽後，獨力承擔養育的重擔。

雌鳥跟同類交配時，會傾向選取一隻羽毛亮麗、體態健碩、神情活潑和啼聲響亮的雄鳥。雌鳥不光要看雄鳥整體外在的健康情況，還得看牠是否願意代為築巢、覓食，守衛和保護等職責。要是雄鳥外形不夠吸引，雌鳥會覺得為對方哺育下一代是個高風險的投資。牠下的一窩蛋可能會孵不出來，就算孵了下來，雛鳥成活的機會也不大，故很有可能「冷處理」這隻雄鳥的求愛，改而靜候另一隻牠心儀的對象。

作為被選擇的一方，長得好看便成了求偶者無往不利的致勝之道。此外，為了博得雌性的歡心，眾多的追求者還得各展奇謀：唱歌、跳舞、打架、爭妍鬥麗……相比之下，雌性無須長得漂亮，因為總有雄性樂意無償地報效精子。是故母鳥之所以長相平平，只因牠無須到處去找雄鳥來交配。牠得留下時間和精力，去築巢、孵卵、覓食。況且，平凡的外表有匿蹤的保護作用，可以躲開天敵和捕獵者的注意。

上述的是動物界一般的「正常情況」，以下我們再來看看人類的「例外情況」，究竟是怎樣的一回事。

相對而言，人類也是以女性較男性更為挑剔，更為審慎。男性中也同樣存在相對更為激烈的同性競爭，跟動物

界的情況幾無二致。但問題在於為何偏偏是人類的雌性更加漂亮、更加愛美。面對這一特殊現象，我們該怎麼解釋才好？

人類女性的確不像其他動物的雌性那樣暗淡無光。相反，女人整體上比男人更漂亮、更愛美，這一情況也體現在男女擇偶的標準上。一個橫跨 37 種不同文化和族裔的調查研究報告顯示，在擇偶過程中，男方普遍較女方更為看重對方的樣貌和身材。相反，女方對男方的相貌和外形並非在重點考慮之列，足見男女在擇偶條件上的差異了。

對比起來，女性有更美的容顏和身姿，且更願意進一步強化這些女性特徵，那就是豐乳、纖腰、翹臀和長腿，以投男人之所好。其一是，男人總一面倒地喜歡女人擁有豐滿堅挺的胸部，會本能地覺得她生理發育良好，會有充足的奶水來餵飼他的下一代。其二，她纖細的小蠻腰，代表身體積聚的脂肪少，不但動作敏捷，奔跑起來會較迅速，面對危險時，可以逃得更快。其三，她向後翹起的臀部，除了體現性誘惑外，內裡寬大的骨盆也是順利分娩下一代的有力保障。其四，長腿代表優質基因的承傳，自己的後代將能跳得更高，跑得更快，或長得更高大。

經過輪番性選擇的淘汰後，男人大概只會喜歡那些符合上述條件的女人，覺得她們才美，其實這僅是物種進化演變下的一個合理結果。在蠻荒年代裡，女人得留住男人來共同撫養下一代，而最佳模式就是實行一夫一妻制。但對女人而言，如何吸引並留住男人是一個嚴肅的問題。為

了保證男人離家狩獵後會攜回獵物，女人積極發展自己的性特徵，更加注重自己的外貌。經過漫長的進化過程，女人終於成功逆轉了動物界通行的模式，看起來比男人更漂亮迷人。

在動物界中，雌性往往不用依靠雄性合力來養活下一代，牠只需挑選一個牠眼中看來是優秀的雄性，讓對方留下精子，之後一切事情基本上由牠獨自一個「搞定」，所以才有最初「眾裡尋他千百度」的能耐，去選取最佳的主角。相反的是，人類雌性早已失去了這個話語權。她們在挑剔男人的同時，也面臨被男人挑剔的嚴峻考驗。倘若個別女人各方條件都不甚了了，卻自視甚高，最終只會落得淪為「剩女」的下場。

女人一經選中了她的男人，她的愛情就甚具「排他性」。也就是說，女人一旦心中有了個至愛的男人，她就會死心塌地的「跟」著他，其他男人很難再佔據她的芳心。這個特質在人類進化過程中，起了決定性的作用，也是大自然植入女性體內的程式之一。倘若女人像男人般生張熟魏、朝秦暮楚，既不戀家，對子女又疏於照顧，必然無法把下一代養大，也就勢必導致整個人類覆亡。母鳥不是長相平平嗎？如果母鳥也像雄鳥那樣，一身耀眼華彩，處處去找雄鳥交配，牠還會好好的停留下來築巢、孵卵、覓食，盡心盡力去養育下一代嗎？

人類在不斷的進化過程中，女性變得愈來愈美，而男性的樣貌卻沒適時更換相應的「升級版」。跟相貌普通的

同性相比，漂亮的女人所生的孩子，數目會更多，且所生的孩子中，又以女孩子的比例較高。等到這些女兒長大後，往往會變得像她們母親一樣漂亮，並繼續將美貌傳給她們的下一代。同樣道理，醜女因沒男人要，她們沒法繁殖帶有她們基因的下一代，結果很快便給淘汰了。

有研究報告指出，長相漂亮的女人具高遺傳性，且比例上會較多地出現在女兒而非在兒子身上成功複製其美貌。對此有專家指出，如果相貌好看的父母擁有眾多的女兒，歷經數代之後，他們後代的女性的確會變得比他們後代的男性好看，且數目也更多。此外，也有研究發現，相貌英俊的男人，比起樣貌一般的男子，在生育孩子的數目上，以及在樣貌的承傳上，並不具任何優勢，以至若干年後，樣貌好看的男子只會愈來愈少。事實是否真的如此，我們寄望能有一個簇新的科研專項來加以證明。

在整個人類社會發展過程中，男性佔盡主導權，物資和財富基本上都向他們傾斜，可以說是男性擁有了絕對的社會地位，女性只能依附他們而存活。為了博取男性的青睞，女性只好在外表上下工夫，於是逐漸學會了打扮自己，變得愈來愈漂亮。除了不惜借服飾之美來展現自己外，更藉美色來讓男人成為裙下之臣，這種情況在封建社會中屢見不鮮。

在人類走進科技時代之後，女性經已跟男性平起平坐。未來女性的地位可能還要稍稍高於男性，以至最終女權當道。當此形勢一旦出現，恐怕男性也會急起直追。可

能若干年後，女性會變得愈來愈似男性，而男性則會變得愈來愈女性化。說起來，這一情況經已悄悄地出現，唯尚未給人關注到。看看今天的時裝界、演藝界，後起之秀全是娘娘腔的「小鮮肉」，自可「窺一斑而知全豹」了。或許，這才符合大自然正常進化的法則。人類既是動物界的一員，為什麼其他動物都是雄性較雌性漂亮，人類卻反其道而行呢？這本就違反了大自然的法則。不過，在大自然尚未出手作出重大干預之前，讓女性繼續變得亮麗可人，對男性來說也未嘗不是一件賞心樂事。

17.
服飾如何成為性誘惑的主要載體？

引 言

情色源於性禁忌。是以女人身上跟「性」有關的部位，愈是給遮掩起來，就愈具挑逗性。極具誘惑性的女性褻衣，就是為了挑動男人的情慾而設計的。

衣飾，是人類文明的標誌，也是人類生活的內涵。除了滿足人們物質生活所需外，衣飾還代表著某一特定時空的社會文化。除了泛指身上穿的衣服外，「衣飾」另有廣義和狹義兩個意思。狹義上的「衣飾」，指的是身上一切蔽體的衣服；廣義的「衣飾」，可以包括一切用以增加個人形貌的華美物品，例如：鞋、帽、襪子、手套、圍巾、領帶、手提包、太陽鏡、髮飾等。

這種個人美的表達，有一說是為了吸引異性。是以衣服的起源和所起的作用，很是耐人尋味。當原始人還未懂得穿衣的時候，是沒有羞恥感的。我們的祖先之所以要創造出衣服，主要是為了保護個人的下體，免受傷害。把下體遮蔽起來，也是為了避免引起別人的不快。此外，就是

要把個人的下體保管好，留給自己的性伴侶專用。可這三點原因僅是相對而已，並非絕對。例如那些平日總是裸露的澳洲原始部落婦女，在參加族群中的性愛舞蹈時，反要穿起羽毛製成的圍裙，來營造神祕感，擺出一款欲迎還拒、半遮半掩的姿態，目的就是要喚起舞蹈中男伴的情慾。

顯然易見，衣服的起源並不可能完全基於羞恥感。這種人性中的感性，其起源反可能是穿起衣服這個習慣後，所造成的必然結果。偶爾掩蔽性器官，固然可以導致性刺激，但等到掩蔽成了習慣時，偶爾的暴露反造成暫時或短暫的性刺激。想不到用衣物遮蔽起性器官，竟成了吸引異性的載體。

一般而言，服裝、配件與飾物所傳達的信息，概括了一個人的社會地位、職業、財富、道德與宗教背景、婚姻狀態，以及性暗示等等。從服裝中，我們也可以看出一個人的品味及個人風格。由於不太瞭解男人的心理，在發揮吸引力這事上，很多女生走進了誤區。說句真心話，男人看女人，和女人看女人，視角是完全不同的。絕大部分的男人就是不喜歡女人穿那些把身形都「罩」起來，看不出女性化的寬鬆款式。說白了，這些著裝沒看點！男人就是喜歡能凸顯女性身材和特色的服裝！

當然，男人的審美眼光各有不同，一如其面。有些男人的眼光比較時尚，有些比較保守，但不約而同的一個共通點，就是凡屬女人專用的東西，對他們全具強烈的吸引

力。男人特別喜歡有「女人味」的打扮，他們大多喜歡女人迎風飄逸的披肩長髮，穿連衣裙，束粗皮腰帶，再配上一雙精緻的高跟鞋，露出修長的大腿。

男人大多不喜歡女人穿運動鞋，總覺得這種鞋子不能展現女人的優雅和美姿。事實上，能吸引男人青睞的只有一種鞋子，那便是高跟鞋了。除了能拉長腿部線條外，高跟鞋更能抬高女人的胸部和臀部，這對男人來說，具致命的吸引力。一雙亮麗優雅、黑色綁帶的高跟鞋，能讓腳和腿看起來更長、更纖細。這世上大概沒有男人對女人穿上高跟鞋時，發出清脆的腳步聲而感到煩厭，反會覺得很清脆、悅耳。路面給鞋跟敲打著的聲響，最能牽動男人的心，每發出一次，他們的心便會給撞擊一次，沒有哪個不為此而傾倒的！

同樣道理，男人一向對擁有一雙修長美腿的女人感到著迷。為什麼呢？道理很簡單，男人看見女人雙腿愈長，便愈對她兩腿交會處感到吸引，覺得她的性器官已趨成熟，有生育能力了。要是女人的性器官長在她腋窩下，那男人就不會對她的大腿再多看一眼了。女人的大腿之所以吸引男人的眼球，正因它們發出的是無聲的性信號。

絲襪是女人性誘惑的代表作之一，很多男人對絲襪有強烈的性幻想。究竟是什麼原因讓男人從絲襪聯想到性呢？主要原因不外兩點：一，在視覺上，絲襪有修正和束緊腿型的作用，讓腿部的線條看來更長更美，感覺上也更

有彈性。二，絲襪亦同時帶來皮膚光滑的錯覺，意味著健康，也增加了性吸引力。此外，心理上，絲襪有「半遮半掩，欲拒還迎」的誘惑力，特別是玄黑色的絲襪，頗有「猶抱琵琶半遮面」異曲同工之妙。

女人穿上玄黑色的絲襪，總叫男人對她產生一種神秘莫測的感覺。人的天性本就對神秘的東西感興趣，愈是神秘愈是想看。在玄黑色絲襪底下，隱約掩映出白裡透紅的肌膚，要是配上高跟長筒靴直包到膝蓋，更顯得雙腿纖細筆直。這種配搭最能將女人的腿踝、膝、臀、脊、胸、頸、頭各個部位串連起來，襯托出整個人的形態。黑絲襪加黑色高跟長筒靴，再配上黑色迷你裙，更能勾勒出女人完美的腿部線條，凸顯美感和提升氣質，令男人的目光難以移開，回頭率幾近百分百。

當男人看到黑絲襪和高跟鞋給穿在一個高雅的女士腳上，肯定會當場給迷得昏頭轉向，腦海裡馬上會把性感和誘惑連結起來，這是男人一種本能反應。女人穿起高跟鞋來走路，由於重心放在腳前掌的關係，造成身體上重下輕，迫使女人把肩膀往後傾，視覺上好像胸部變得更大、更挺，腹部更平坦，臀部更圓、更翹。除此之外，高跟鞋還能使臀部左右扭擺，讓男人的眼球也隨之轉動。試想像一下，如果瑪麗蓮·夢露在《七年之癢》一片中沒穿上高跟鞋，她站在地鐵通風口上裙子被吹起的那一幕戲，恐怕就不會如此撩人了。

高跟鞋能讓女人以勝利者的姿態來征服男人。高跟鞋一經穿上，女人的小腿曲線馬上給拉長了，讓男人賞心悅目之餘，引發內心的激情盪漾，血氣上湧。其實，高跟鞋絕對不僅給女人增加她的身高，也同時增強發自她心中的那份自信。所有身為女人應有的魅力，全在一瞬間給激發了出來。這時的女人，只要柳腰輕擺，便能產生搖曳生姿的效果，那種顧盼自得，風華絕代，最能激發起男人的追求慾望。穿上高跟鞋的女人，在床上的性誘惑，更具爆炸力，能令男人興奮得不得了，沒有哪個不折腰的！可見很多男人對穿高跟鞋的女人有特殊的情意結，正是其來有自。不過，話說回頭，所有的裝扮都要適可而止，切勿走火入魔！

無可否認，女人對男人的吸引總是從性吸引開始，而每個男人總有他的特殊癖好。有些男人喜歡大胸的女人，另有一些喜歡腿長的。有些男人喜愛纖細腰肢的女人，也有些喜歡臀部翹起的女人。當然，還有一部分男人喜歡臉蛋漂亮的少女。對男人來說，性吸引局部比整體重要，視覺比感覺重要，幻想比現實重要，虛無飄渺比實在擁有來得更重要……

我國文學家魯迅，1927 年在他的《而已集‧小雜感》裡，有一段文字經常被人引用，他把一般男人的性心理，刻畫得淋漓盡致，簡直是一針見血。「一見短袖子，立刻想到白臂膊，立刻想到全裸體，立刻想到生殖器，立刻想到性交，立刻想到雜交，立刻想到私生子……」看來魯迅

筆下的男人，恐怕每一個滿眼、滿腦子都只有色慾。他們只要一看見女人穿在身上的短袖衣服，就立刻想到女人肌膚雪白的手臂，從而聯想到女人全裸的身體，進而想到生殖器，由此想到性交，繼而更想到雜交以至私生子……男人浮想聯翩，可謂想像力豐富。從短袖至裸體，從生殖器到私生子，只是彈指之間的事，就能有了肉體上的反應，只因在男人的眼中，女人能露出來的一小部分，代表了被衣服遮掩了的那一大部分，可見衣服就是性誘惑的催化劑。

從前，女性用裹腳布把小腳包裹和束縛起來，成了「三寸金蓮」，結果引發起男性旺盛的性慾。如今，女性用胸罩把乳房包裹和束縛起來，也是出於同一道理。乳罩對乳房健康是否真的有利，人們尚有存疑，但束上胸圍的感覺一定不好受，其作用只不過是為了提升女性的性魅力而已。通過遮蔽、隱藏和禁忌，男性的慾求也因而變得更熾熱。

一直以來，人類社會對「性」有多方面的限制，我們統稱之為「道德規範」。世界上有部分國家，對這方面的干預相當粗暴。但人性就是這樣，哪裡有壓抑，哪裡就有反抗。愈不符合社會規範的性，對某些人就可能愈有吸引力，這背後是人的動物性在作祟。正所謂「妻不如妾，妾不如婢，婢不如妓，妓不如偷，偷得著不如偷不著。」這些名句，語出自明代文學家馮夢龍，他對男人偷情的心理，可謂作出了完美的演繹。

女人從來不承認穿著性感和身體暴露是一種性挑逗行為，她們慣常的藉口是出於「愛美」的表現罷了。但事實上，女人都很清楚「暴露」與「打扮」這兩者之間的分界線。她們該裸露多少，裸露在哪裡，一分一寸都拿捏得很準，知道自己在幹些什麼的！相對於女人的肉體，衣服同樣具備了「隱藏」和「暴露」的魔力。弔詭的是，這兩種情況本來就是自相矛盾，因為女人的服裝，如果太「隱藏」，就會失去自然美；如果太「暴露」，又會有傷風化，況且看多了又會使人感到太膩，失去神秘感。但只要兩者互相調配，恰到好處就行了，也能為社會所接受。露出乳溝的 Deep V Cut 和低胸裝，就是將「隱藏」和「暴露」這兩者的矛盾統一起來，變成了視覺上的藝術。

　　男人的審美眼光一向不高，也很片面，極易被女人的化妝和衣裝所蒙騙。故此，女人只要花點心思裝扮一下自己，就不難吸引到他們的注目了。現時許多年輕漂亮的女人穿著性感，並且傾向暴露身體來迷惑男人。她們不單止用開放的言語來挑逗男人，更大膽兼主動的投懷送抱。她們巧用美色，在言談舉止之間發放求偶信號，對男人大賣風情，搔首弄姿，秋波微送，難怪一些意志力和自制力薄弱的男人，稍一不慎就會做出踰越常規的事來。

18.
男人為何經不起「制服の誘惑」？

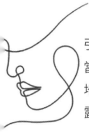

引 言

當女人穿很多衣服時，男人總是盯著女人露出來的地方；當女人穿得很少時，男人卻總是盯著女人沒露出來的地方。男人，你們不覺得自己怪怪的嗎？

「獵奇」和「獵艷」，原屬男人的「獵人」本性。男人心中永遠存著一個外貌美艷的女人，終其一生不斷的在尋找。一旦給他找到了，無論她本性屬好屬壞，他都想要。最理想的是這個女人貌似正經，但一上床便改以情慾的化身來跟他纏綿。若是她穿著正經的制服，卻跟他幹那最不正經的事，兩人一起合演一齣「客廳貴婦、臥室蕩婦」，不正是他「夢寐以求，求之不得」嗎？

毫無疑問，「制服的誘惑」最能滿足男人這個畸形的心理訴求。不過，也有人會認為這是心術不正的人一種跡近「變態」的心理。可男人為了尋求性愛刺激，對女性身上穿的制服起了歪心，這一現象卻不難理解。對貪婪的男人來說，壞女人和好女人，他都想兩手抓。

現實生活中，從樸實無華、看似刻板單調的女警制服，到優雅典範的空姐套裝，兩者畢竟都是工作服，卻無一例外地把女人豐滿的身材包得恰到好處。對男人來說，一個女人的胴體，要是僅穿一件薄紗，所展現的風情，要比一絲不掛，來得更活色生香。所以，作為男人，特別是那些用下半身來思考的，制服誘惑具無比殺傷力。這對女性來說，簡直是匪夷所思！

有一部心理學的書曾這樣寫，「人類最大的性器官是大腦。」這句話驟聽起來非常可笑，但仔細的想一想，又覺得真的不能再真確了。我們人類的性行為都由大腦作總指揮，再交由身體各部分相應執行。大腦既是一切情慾的發源地，是以只要是人，皆可以被誘惑和操控。制服本身並不會對我們產生任何誘惑，男人喜歡的是穿上制服的那個人。制服只是表象，主要是看給誰來穿上！

制服誘惑源於職場女子。可美女穿上制服後，為什麼會給男人產生一種無法抗拒的吸引力，而成了「男人殺手」呢？男人為什麼會熱衷於玩「制服誘惑」這遊戲？在男人的內心深處，「制服」究竟扮演著什麼樣的角色？要解答上述這些問題，我們得從心理學和社會學的角度來分析一下，看看是哪些原因讓男人產生「制服情意結」的，而這種情意結又會對男人產生哪些影響？

制服本身代表一種秩序、準則、身份和職業。制服給人的感覺是整齊劃一，有紀律、有規範，但更強烈的則

是一種莊嚴與不可侵犯，更多的是權威性和不可親近的感覺。在現實生活中，穿上正規制服的人，執行的是日常的例行工作。跟他們沒工作關係的人，往往只「可遠觀而不可褻玩焉」。作為職業的專屬服裝，整齊劃一的制服，更容易讓人產生對某些特定職業的高度認同感，很多人自然都對制服有一種說不清、道不明的情意結。

正因制服這種高高在上的身份，讓穿上制服的女人，所具的誘惑力，大到足以讓男人體現無比的刺激和挑戰性，兼強烈的征服欲。在這一背景下，「情趣制服」給人為地賦予了「性」的內涵。所謂制服誘惑，手法就是在原有職場的制服上進行「遞減法」。對女性私密部分，一般制服都是全方位包圍，只露出雙手和雙腳。情趣制服的設計卻反其道而行，只遮住關鍵部位，讓男人一眼就能看到，但又不能完全看得真切，要兩個人在進一步親密接觸後，方能一探虛實。

直白點說，「制服的誘惑」指的是制服背後所賦予的情色。在日本的寫真集和小電影裡，最常見的是那些穿上誘人制服的女娃，從正派純情的高中女生、端莊嚴肅的女老師，到優雅高貴的空姐，均無一例外地表現出極度煽情誘惑之能事。「意淫」於是成了制服誘惑中的重頭戲，男人自然看得如痴如醉，大呼過癮了。

其次，我們得指出，男人天生對兩種東西最在意，一是權力，二是女人。制服代表權力，以及權力的「被賦予」

和「在行使中」。「制服的誘惑」，其實在某種心理層面上就是權力的伸延。男人對制服的迷戀，實際上就是衝著對權力的行使而來的，對象當然就是青春貌美的女子。女警、空姐、護士等制服的存在，最能代表男人不同層面的心理訴求。

或許，穿制服的女人未必每一個都很漂亮，但會很端莊。當她站在你面前時，你會感覺很舒服，因為魅力在於內在氣質和外在美的結合。女人給穿上冶艷款式的情趣制服後，便能搖身一變，化身成為美若天仙的尤物，男人心感興奮之餘，遂產生了叛逆的快感。由於制服通常代表秩序和權威，而男人又偏偏愛挑戰秩序和權威，對制服的挑戰便等同於對性禁忌的挑戰，從而獲得性刺激。在情色遊戲中，男人在消解了現實生活中對制服的反感和厭惡等壓力，自然能從色慾中取得愉悅輕鬆的感覺。

制服誘惑又叫「幻想性角色扮演」，性誘惑源於穿制服的女子不輕易流露出來的女人味，她們一舉手、一投足，時時刻刻都將女性魅力，與嚴肅的制服形成鮮明對比，目的在於衝擊男人的視覺。無論是空姐、護士，還是軍警的制服，大多數都是比較緊緻的，女性給穿上後，讓凹凸有致的身軀更加玲瓏浮突。在視覺上的強烈對比下，大大的刺激了男人多巴胺的分泌。

無可否認，情趣制服的設計風格，讓女性的優勢得以淋漓盡致的顯露。女人身穿情趣制服時，給人的感覺往往會很不同。特別是很多設計樣式，會別具匠心的展現女

人的身材，讓女人的曲線看上去更加性感。很多本身沒那麼漂亮的女人，穿上這類制服後容貌和外形會有很大的提升，很可能就是氣質的問題。當然，很多男人單純的就是喜歡女人在情趣制服之下掩映的玲瓏曲線。

男人對制服的迷戀，主要是自我幻想而來，也就是意淫。借用曹雪芹在《紅樓夢》中由警幻仙子所說那兩句話來表示「可心會而不可口傳，可神通而不可語達」。男人一般比較欣賞姿態妙曼的空姐，她們美麗的面容，甜美的微笑，熱情的款待，最能讓男人心裡感到溫馨和滿足。據調查發現，所有男人都偏愛「空姐」的制服，覺得最具誘惑性，讓她們富女人味的身材得以盡顯，更令人浮想聯翩，是以空姐多是男人的夢中情人。

此外，男人喜歡的是空姐的高顏值，和這個群體所傳達出來的熱情服務。很多男人幻想擁有一個像空姐一樣的女人，就是喜歡她穿上制服時伺候人的感覺，於是把這種幻想和喜愛延續到制服之上，進而對空姐制服產生迷戀。

排在空姐制服之後的是女警制服。雖然警察制服很陽剛正氣，但嬌俏的女孩子當起「陀槍師姐」，硬朗的作風在其制服掩蓋之下，也總不免會有春心蕩漾的時刻。一旦脫下制服，能在床上把她們征服的男人，肯定會是個非常屬害的角色。

女警之後的就是護士。跟女中學生制服一樣，護士裝走的也是簡潔、清純路線。溫婉善良的護士小姐，總是一

些男性病人的幻想對象。男人生了病，躺在醫院的病床上，總盼身邊能有一位體貼入微的姑娘服侍著，感受像小時候生了病，躺在家中床上，由媽媽來照顧一樣。

作為視覺動物的男生來說，無論面對的是空姐裝、護士裝還是女軍服，都容易讓他們產生性幻想。當女朋友一身制服的出現他眼前時，就是時候關起門來上演「制服的誘惑」。通過角色扮演，現實中不能實現的禁忌場景，會刺激男人產生挑戰權威和秩序的慾望。不過，性感冶艷的制服也得要看穿在誰的身上。如果穿在一個妙齡美女的身上，定會給男人造成一種視覺享受，而這種視覺享受來自男人對「美女＋制服」這個組合體所傳達出來的信息。

當然，女人也一樣會被身穿制服的男人所誘惑，因他們最具男性雄風。女人對男人穿上制服後的感知，也不亞於男人對女人。韓劇《太陽的後裔》能俘獲無數女粉絲的芳心，主要是因為很多情竇初開的懷春少女，被宋仲基歐巴的一身軍裝給深深的迷倒了。至於 1940 年美國電影公司美高梅拍的那部令人蕩氣迴腸的電影《魂斷藍橋》（Waterloo Bridge），片中男主角羅拔泰萊（Robert Taylor），穿起的那套軍官制服，帥到簡直令女觀眾無一不被傾倒。最特別的是他身穿的那件軍服外套，是一戰時由英國時裝界名牌 BURBERRY 所設計，一直風行到今天，款式成了西方各國軍官的標準配套，「酷」到不得了，正是人們口中所說的那句「A uniform to die for」，意即為了這（麼帥的）戎裝，戰死沙場也值得！

穿上軍裝的男人，每一個都顯得豪情萬丈，深具女人沒法抵擋的誘惑。至於身穿警服的男人，他們個個威武陽剛。當嚴肅的制服給結實的胸肌撐開時，女人自然會渴望被這種男人按倒床上，更喜歡幻想給對方在自己身上施展的男子氣概。畢竟，制服能讓男人看起來更正直，更堪牢靠，這也是女人喜歡嫁給英姿颯颯的男人最主要的原因。

男人天性叛逆，喜歡挑戰既定的規則。那些平時根本不可以觸碰的制服美女，同樣給男人帶來極大的挑戰，也讓男人對制服下柔弱兼苗條的身軀，有著極大的憧憬和好奇心。為了打破這種不可逾越的鴻溝，男人會想辦法將不可能變成可能。制服誘惑其實也就是 Cosplay（角色扮演）的一種，可以說，男人對制服的迷戀根本就是個綜合性的情意結。

制服不是等閒衣物，並非隨便什麼人給錢就能穿，厭了就能換。制服穿上去，傳達出一種威儀和紀律性。制服更是社會規條的標誌，背後代表著某些具阻嚇性和規範性的公權力。難怪有些人會覺得制服有特別誘人之處。「性」更是如此，是以社會對「性」的限制和規範特別多。但哪裡有壓迫，哪裡就有反抗，愈不符合社會規範的「性」，對某些人來說就可能特別有吸引力，這背後也是人的動物性在作祟。

19.
內褲的誕生全拜性意識醒覺所賜？

引 言

女人的丁字褲好比「偉哥」，能給男人誘發出強烈的情慾來，只因它緊貼於女人的肥臀與性器上，所散發出的神秘感和挑逗性，叫男人像是給勾去了魂魄似的！

古人類濃密的體毛一經褪掉，全身變得赤裸起來時，他們很快便意識到，一旦受到野獸或敵人的襲擊，毫無遮擋的下體，定會傷得很重。出於自我保護的考量，他們先用樹葉給那處圍起來。為了禦寒，他們其後才披上獸皮來保暖。在穿衣服成了習慣後，人們開始有了羞恥感，不再視赤身露體為理所當然了。

在現代人心中，「遮羞」這觀念可謂植根已久，以致往往分不清到底為什麼要穿衣服。如果我們問原始人，他們肯定知道原因何在。古人類製作簡易遮蔽物來護體，明顯不是出於保暖，更不會因露出生殖器而感到羞恥。道理很簡單，如果是為了保暖，為何現時在熱帶地區，一些原始部落的土著，在生著火的洞穴裡，婦女們依然會遮著下

體，卻毫不畏羞的露出乳房來？這一點足以證明，原始人的「遮」，跟現代人的「遮」，區別在於對女性乳房的遮與不遮的取捨，以及他們對女性下體和乳房所持的不同態度。

由於愚昧無知，初民往往將一些不能理解的自然現象，例如風、雷、雨、電，以至水和火等，都歸因於神力，從而加以崇拜。同樣，他們也不能明瞭性行為與生殖的相互關係，更不能解釋是哪種魔力，讓自己在性交過程中，身心會變得如此如醉如痴，也不知婦女在懷孕後期，是什麼神力驅使嬰兒從母體內鑽出來。他們因而產生了一種敬畏的心理，以至最終體現在性崇拜，生殖崇拜及生殖器崇拜這幾方面。

原始人類對女性生殖器的崇拜，比對男性生殖器的崇拜早得多。最初，人們還不能把性交和生殖連結在一起。在看到嬰兒從女陰中冒出來時，他們始意識到那處是生命的源頭，是故女陰崇拜成為初民的一種普遍習俗。其後經過不知多少年的生活實踐和經驗積累，人們才發現陰莖進入陰戶，最終會導致懷孕和生育，才逐漸興起了男根的崇拜。

性崇拜是原始人面對性行為和繁殖之間的神秘和不解所產生的一種景仰。他們感受到在日常艱苦的生活中，唯一能令他們感到愉悅的，就只有在成年後男女雙方發生性行為的時候。此外，原始人也發現男女兩性在外表上，

最大的差異在於兩者的生殖器，其次在於女性發育後的乳房。隨著民風的啟發，人們開始認識到生兒育女，乃是男人的生殖器進入女人下體的結果，從而領悟到「播種」的作用，更進一步意識到人口繁殖對部落興衰的重要性。

原始人對成年男女的下體，也就是對兩者生殖器的認知，跟我們現代人很不一樣。他們曉得女人身兼生殖重責，可男人只是負責開通女人下體的那條產道，好讓種子落在土壤裡，至於種子能否發芽以至開花結果，他們卻管不了這麼多，因天意之不能違和不可測，只能順其自然，自求多福而已。

在人類進化過程中，女人被蒙上一層神秘的面紗，這要得益於衣服的發明。為了不讓自己的女人給別的男人看到身體，從而起了歹心，同時也為了保管好供自己專用的東西，於是男人便把她那處遮了起來。要是女人不這樣做，會被視為不貞。況且，要是不遮，也會被別的女人看作是她有意勾引自己的男人。即便是風氣開明的今天，女人要是穿得過分性感，或過分暴露，也不免會被冠以「騷貨」或「放蕩」之類的罵名。

至於男人的那處，為什麼也同樣給遮了起來呢？原來是為了表明他沒意圖去侵犯別人的女人。很明顯，內褲的出現是因應這些特殊「情境」而給創造出來的，主要在於原始人類因性意識的醒覺而產生。乳房因具彈性且富美感，兼屬性敏感區之一，可供取樂及取悅伴侶之用，卻一

直沒被遮擋。之所以如此，可能是因為乳房並非直接的生命源頭，只在生育後才被用到，所以就免予遮蔽。或許也是因為隆起的乳房，代表女人哺乳的天職即將到來，更預兆新生命的誕生，因而沒被遮掩。

可這種單一保護女性下體的意識，有可能不完全是源自男性「自私自利」的心理，而恰恰是出於女性自我保護的需要。為什麼呢？原來在整個自然界中，成年的雄性都具侵犯雌性的衝動，尤其是人類。不過人類跟其他動物不同之處，主要在於其他動物中的雌性有發情期，雄性也懂得辨別，不會在發情期以外去侵犯其同類中的雌性。可人類卻不同了，女人有沒有發情期，分別不大。男人的獸性一旦發作起來，照樣會「霸王硬上弓」，強迫另一方發生性行為。

此外，由於古代部族大多以狩獵為生，男人多不在家，其他部落的人就會趁機圖謀不軌，前來搶掠和強姦婦女。發生多起這種事件後，女性有意識的學會了保護自己的那個地方，即拿物體遮擋私處，增加被強暴的難度。有關這一論述，詳情另見本書第 5 章〈發情期中的雌猿為何要遮掩下體？〉，在此不贅。

此外，由於下體是排洩管道的出口，可想而知那處是非常的臭。洪荒時代的蚊子和蒼蠅大得和多得驚人，牠們最喜歡的就是這個味道了，會整群整群的圍著人們的下體飛舞，冷不防的給人叮一口。可當時的古人類卻沒有一條

像動物那樣的尾巴，去驅趕這些討厭的昆蟲。有人可能靈機一觸，用樹葉之類或什麼的串連起來加以遮掩，去防止蚊蟲叮咬。久而久之，這種穿著成了一種習慣，更成為一種遮羞物。

美國心理學家佛魯傑（Flugel），利用心理分析，解讀衣服展現身體或遮蔽身體兩者之間的衝突，所造成的矛盾和情意結，說明了人類為什麼要覆蓋性器官。他指出用服飾來遮蔽身體的同時，其所遮蔽的性器官，會讓異性看在眼內，產生出一種原始本能，想要淋漓盡致的跟它交合，並溶為一體。

在廣受西方情色文化感染的現代男人^{（註）}，對女人的豐乳肥臀總是念念不忘。他們對女人內褲的性幻想，其關聯性源於它的挑逗性，以及想像中被隱藏起來的東西。面對這一小塊緊貼於肥臀上的覆蓋物，男人只會感到它特別神秘，更猥褻和更能挑起男人的性狂熱，更多的是他們發自內心情慾的煎熬，非要即時獲得滿足不可。難以想像的是，原本在自然界裡平常不過的性器官，即便隔了好幾層布，卻讓男人日夜痴心妄想，以至魂牽夢縈。

特別之處在於女性丁字內褲這種覆蓋物，它是個象徵性的東西，恍如脫衣舞孃表演時胯下的那塊小小的遮羞布。對男性觀眾而言，它成了在該情境下性幻想的中心點。若隱若現的性器官，卻總是給留到表演的最後一剎那，才驚鴻一現，之後瞬即消逝，頓時給男觀眾帶來一種若有所失、意猶未盡的感覺。

脱衣舞表演是一種緩慢的脫衣過程，為男觀眾帶來的是一絲絲肉慾方面的愉悅、興奮兼下體酥麻的感覺。在脫衣舞孃的表演中，男人最渴望見到的是她的性器，可她卻總是故作神祕，刻意給隱藏在表演的最後階段，並藉著她身上多層衣物，在舞蹈過程中，在已裸露的部位故作遮掩等手段，去延長脫衣的時間，並將重點放在其帶有性暗示意味的脫衣程序和性挑逗的動作中，而非褪下衣物的裸露狀態。

脱衣舞孃就是憑著脫衣與遮掩交替的一瞬間，僅裸露一少部分的肉體來，結果造成比全裸更情色的視覺效果，誘惑力度之大足以讓男人體現出無限的刺激和挑逗性，兼強烈的征服欲。直截了當點說，女人愈是遮掩身體，男人愈是想看。是以欲脫還遮的女人，更能引起男人的性興奮。同樣，男人最喜歡看的是女人若隱若現的裸體，對亮光下的肉體反而感覺和興趣不大。他們最感興奮的是隱藏著最後一刹那的視像，能刺激他們聯想到卻看不到的下一步。

芬蘭心理學家韋斯特馬克（Westermarck）則認為，人們不只會藉身體被遮蔽的那部分，用以展示身體未被遮蔽的地方，來吸引他人的注意。最佳例子就是秋冬季節時分，小妮子們總愛穿袖長多幾吋的毛衣，故意把雙手縮進袖子中，只露出部分手指來，這種「萌萌袖」最能輕易戳到男性內心深處。也有學者指出，人們最初穿衣服的原因，可能是為了吸引他人的注意，而非遮掩他們的性器官。他們甚至不穿其他服飾，而只在性器官上加上一層覆蓋物，以凸顯該性器的存在。

事實上，如果說穿衣是為了「遮掩肉體」，倒不如說是為了「暴露肉體」，這一趨勢在現代西方社會中尤為明顯。歐美的女士們一向愛藉衣裳的掩護來顯露她們的肉體；流行的晚禮服和最新款的泳衣，更盡顯設計高手的才華。這類衣裳所要表達的基本概念不在「遮掩」，而在「暴露」，手法是「明遮」，特別之處是「暗露」！講白了，「穿」是為了脫下，或被脫下，是男女兩人在床上征服與被征服的前奏。

讓人納悶的是，在沙灘上或泳池邊，身材惹火的女士們總愛穿比基尼，在男人面前「秀來秀去」，不但不會感到噁心或汗顏。相反，她們會因自己穿著遮蓋面積要大得多的內衣，一旦意外地「走光」，即被男人看見時而感到無地自容。無疑，比基尼和內衣的差別，在於各自演繹不同的目的，因彼此有不同遮蓋的規矩和樣式。穿比基尼是為了炫耀自己性感的肉體，自然可以被男人看到，而內衣則著重於其實用性，不是拿來「秀」的。至於那些極具誘惑性的情趣內衣，由於多在性愛時出現，自然只能在愛人面前展現了。

（註）一項調查指出，黃種男人最喜歡看白種女人的裸照，可能是歐美女人比較肉感，兼體態撩人。但最大的原因在於，本國女人的肉體看多了，也就是看膩了，以至缺少了神秘感。

20.
女人穿著暴露就該被男人性騷擾？

引 言
一個女生如果沒有氣質和樣貌，可以通過暴露的衣著來吸引人。然而，通過性感吸引過來的目光，大多帶有狼性，因為目光的主人慣用下半身來思考。

露背裝、露臍裝、低胸裝、露臀裝……夏日裡，女士們的衣著愈來愈暴露。很明顯，裸露與透視已成了今天著裝的新時尚、新風格。調查數據顯示，中老年人對女性穿著暴露，明顯認為是一種輕浮、放蕩的表現。但究竟怎樣才算是過於暴露？穿著暴露到底是利大於弊還是弊大於利？是否會給人留下不好的印象，甚至影響社會風氣？喜歡穿著暴露的女生們，可有想過會引來性騷擾或甚至性侵犯的後果？

一直以來，我們的社會從來就不斷對女生提出種種「善意」的忠告，不要獨自在外頭喝酒、不要孤身一人走夜路、不要去僻靜無人的地方、不要單獨和異性出門旅行、不要衣著暴露、舉止輕挑……然而，現實世界之如此美好多嬌，生活之如此多彩多姿，女人可能會掏心自問：「為

什麼我偏不能自由自主地選擇自己的生活形態，不能跟男人一樣來去自如，不受拘束、不受威脅？」上述那些看似出於好心的勸告和干預，不意竟成了另類對女性生活與生存空間無形的脅迫和禁制。

女性一旦被性侵，人們總不免會單憑想像，下意識地推斷受害者該是怎樣的一個人：她年輕貌美、衣著暴露、言語輕浮、舉止風騷……這些憑空捏造出來的惡意猜測，正是長期以來人們觀念中「女性原罪論」的翻版。一些「事後孔明」，更煞有介事的質疑受害人「他為什麼不找別人而找你？」、「你穿得這麼少，就活該被人騷擾！」、「怎麼沒保護好自己？」、「為什麼不反抗？」、「之所以遇害，肯定是她不檢點！」、「不去酒吧、的士高之類的地方不就沒事了麼？」諸如此類的觀點和言論，不但構成對女性的譴責和羞辱，更給受侵害的女性造成二次傷害。

每當此類事件發生時，社會總有一種大同小異的迴響，「穿著暴露就是不自重，結果才會引來猥褻、性侵等犯罪行為。」照這邏輯來推論，闖進果園偷摘蘋果的小賊，只因蘋果長得又紅又大！流氓打人搶東西，只怪那人長得太欠揍！說白了，性騷擾當然跟穿著脫不了關係，因為女人穿得太暴露，肯定會讓一些人誤會，以為她水性楊花，志在勾引男人！正如一些男性炫耀肌肉一模一樣，部分女性暴露的穿著，不也是求偶的本能所引致的嗎？

要知道，並非人人都是柳下惠，能坐懷不亂[註1]。即使你毫不在乎，也要視情況而定。比如你在泳灘穿比堅尼

泳衣，那是正常不過的事，但若是穿這款泳裝招搖過市，你難道不會感到尷尬嗎？又比如出席古典音樂會或看芭蕾舞這等高雅場合，或參加一個學術研討會時，你打扮得無比性感，像是上夜店的樣子，只會讓人對你「另眼相看」，以為你走錯場館！究竟是你這種著裝讓你自己覺得美，還是男權社會橫加給你的觀念？凡事過了度就會失去完美，裸露也一樣，反讓人感覺是一種膚淺，一種屈從於男權社會重壓下的諂媚。

或許正正是這個原因，穿著暴露的女生大多只會引來旁人的非議，而不是驚艷；人們甚至懷疑對方是否在「發姣」^(註2)，心理或精神不正常，是以大都會避之唯恐不及，或把頭轉到別處，裝作什麼也沒看見。儘管有些人會出於好奇，定睛的在看，可他們大概不會關心對方這般穿著，會否給她帶來什麼不良後果。若是旁人投以艷羨的眼光，反會大大的促使女生一次比一次穿得更暴露、更出格。

一小部分年紀較長的熟女，就是喜歡被男人看見自己的乳溝、臀溝等性感地帶。她們巴不得給男人多看幾眼，仿佛在那些男人的眼神裡，看到的是對方跟自己翻雲覆雨了好一陣子似的！她們穿得少，動機就是為了要挑逗男人的情慾，希望所有男人的目光都聚焦在她們身上。為求達到此一目的，她們會不惜露出胸、腹、臀、腿給男人們看。

這樣的尷尬場面，很多男性朋友都有親身的體驗。幾近半裸的女生，落落大方的坐在公車上，從露乳溝，露肚臍到露股溝，讓面向著她的男人面露不安之色，感到無所

適從。偷偷看吧，可能會被懷疑是色中餓鬼，下流、無恥、卑劣；強忍不看吧，又有可能被看成是木頭人。看還是不看，真的是兩難唷！當然，總會有一些人覺得不看可惜，反正「不看白不看」！

女性穿著暴露，的確會讓人產生性挑逗的感覺，但這並不代表女方同意或暗示要求被騷擾。但像「我可以騷，你不可擾」這類的言詞，則未免流於偏激。按照邏輯推理來看，這等同「我可以騷擾你，你不能騷擾我」，或「我有誘惑你的權利，而你，有不受誘惑的自由，或自我克制的義務」。這是什麼歪理呀！雖然很多女權主義者宣稱穿什麼衣服全屬個人自由，但隨著衣服的暴露程度愈來愈大，幾乎到了挑戰男性忍耐力的極限，甚至到了令人反感的程度，我們理應把它當作一個社會道德倫理問題來理性的討論才對呀！

在現代社會中，女性比男性享有更高的道德情操地位，特別在身體自主權方面。這種地位的形成，是女性跟男性長期抗爭的結果。在這過程中，男人的性衝動被緊緊的拑制於法律框架下。不過，像「我可以騷，你不可以擾」這種帶著強烈挑釁意味的口號，不知摻和了多少女性權威的洋洋自得，以至高高在上的道德優越感。女權主義者認為，如果連穿衣都得由男人說了算，那以後女性就毫無地位可言，只能淪為絕對的弱勢群體了。

不過，話說回頭，衣著暴露的女性，一旦遭到性騷擾或性侵犯而成了受害者，社會大眾絕不該單純的委過於女

方，說她活該自作自受，情況形同有人沒關好門窗，因而原諒小偷。同樣，我們也不能因女孩子穿了超短裙，因而原諒強姦犯。根據大部分性侵案的現場調查顯示，受害人是多種多樣，不一而足的，包括不同膚色、族裔和年齡，也不管她們是美是醜，或是否穿著暴露。2018年比利時首都布魯塞爾，曾舉辦過一場很不尋常的展覽，展出的全是性侵案受害者當時所穿的衣服。當中除便服外，更包括睡衣、運動服，甚至印有卡通圖案的兒童襯衫。舉辦這個展覽的目的，就是為了告諸公眾，強姦案是出於強姦犯的心理，而非出於受害者的衣服。

錯誤的歸因，特別是在受害者身上找罪咎，是非常危險的，只會令更多的受害者保持緘默，讓更多的施暴者得以逍遙法外。在世界各地，性侵一向是報案率最低的罪案之一，最後走上法庭的比例更低。據2012年日本政府的《犯罪被害者白皮書》稱，70%日本女性遭到性侵犯後保持緘默，不僅沒有報案，甚至沒有告訴任何人，只有4%的人選擇報案。印度強姦案高發，可印度婦女報案人數卻是每十萬人中只有1.8例。有學者分析，這是因為當地治安當局通常會把罪責歸咎於女性身上。

中國女性被性侵犯後的報案率一向缺乏官方數據，但有民間機構表明，報案率不足10%。2015年，北京海淀區有法官對3年內涉及162名被告人的151起強姦案做過數據分析，得出的結論是，強姦案發生在完全是陌生人之間的很少，部分被害人抽煙、喝酒，是導致她們更容易被性

侵的原因。此外，受害人年輕漂亮、穿著暴露，也是被性侵的原因。

相對西方而言，中國社會整體在民風與女性著裝方面較為保守。雖說現在女性穿吊帶背心、熱褲、短裙之類的愈來愈多，但如果尺度大到超出人們的心理承受範圍，以至讓人產生了不悅或排斥之感。要是到了這個地步時，那個人穿衣自由可說是窒礙了社會公德。

不少衣著暴露的女人，誤以為「暴露」等同「性感」。可惜的是，男人大多不作如是觀，是以人們對性感的定義變得很不靠譜。衣著關乎審美，本無所謂對與錯，只有接受或不接受，喜歡或不喜歡，但是衣著肯定是要分場合穿的。在一些隆重場合，例如在雞尾酒會上，女士們的晚禮服以束腰、露背、低胸較為合適，主要是要體現女性的魅力和性感，與社交有關。

我國聖賢孔子有言「慢藏誨盜，冶容誨淫。」意思是說：財物不妥為收藏，容易誘人起盜心；容貌打扮妖冶，容易誘人起淫心。要知道任何人都沒有絕對的穿衣自由，「自由」在這個世界是附帶原則的，即不損害他人利益、不損害公共利益、不傷害自己。顯而易見，女性穿衣自由，也得符合這一要求。在你認為自己這樣穿很好看，很舒服之餘，還得考慮別人的觀感，例如是否有礙觀瞻、牴觸法例，或導致他人感到不適，並引發周圍人士的反感。

只因自己一時大意讓私密處走了光，便會引發羞恥感

來，可見衣服的遮羞功能，還會帶來道德上的自我規範。尷尬是一種相對而言較遲出現的情感，似乎也只有我們人類才有。進化出尷尬這種感受，對我們來說可謂意義重大。引致這種情感的前提是，我們在他人面前觸犯了社會準則，感到旁人的灼熱眼光，更因良知的譴責，而感到無地自容。要是你一個人在家獨處，你會毫無顧忌地一絲不掛，大概也不會感到半點尷尬吧。

另一方面，女生自己也得明白，要怎樣做才能讓自己更加安全才行，當中包括穿衣服這種瑣事。在法律健全，治安良好的國家、地區與城市，「我可以騷，你不能擾」這個要求，名義上是成立的。可別忘了，犯罪分子無時無刻都在偷窺、覬覦，更潛伏在所有女性可能出現的角落，隨時蠢蠢欲動。警察不是神，不可能次次及時出現去制止罪犯。

可能的話，女士們還是看時間、地點、場合，盡量在各方面增加自己的安全度。這比肆無忌憚，只拘泥於自己的自由度更為重要，當中包括穿衣方面也如是。改變自己，比改變別人、環境與社會要來得容易，且成本也小得多。這才是真正制約女性穿衣自由的原因，跟女性是否擁有這種自由，完全是兩碼子的事。

女人穿著性感，的確不構成性罪犯行兇的原因。但是，不得不提醒的是，為了自身安全，不要過度使用穿衣自由的權利。這並不是對女性「著裝誘惑原罪論」的一種默認，

而是現今社會中，存有不少心術不正的人。對於那些目無法紀、內心也沒有什麼忌憚的人而言，他們滿腦子只裝著「性」，而引發這種衝動的，可能就是他們遇到的女生，衣著上展現了某些誘發他們性暴力的動機；他們才不會管你什麼穿衣自由。在安全方面，我們沒辦法主導犯罪分子的想法，能夠做的，就是盡可能做足預防措施去保護自己。

（註1） 這個事蹟自古已廣為傳頌，可謂家喻戶曉。相傳一個下著冰雨的寒夜，柳下惠棲身於城外一間破廟，半夜突有一年輕女子扣門，要求借宿一宵。柳下惠見她發抖不已，恐會凍死，遂囑她脫下濕衫，自己則解開外袍，讓她坐在懷裡，並緊抱著她，好給她保暖。兩人如是者坐了一整夜，期間並沒發生逾越之事。柳下惠遂被後世譽為「坐懷不亂」的正人君子。

（註2） 「發姣」本意原為發情，通常指女生表現出撒嬌的行為，進而賣弄肉體，以為自己很性感。現實生活中多指女性向男性拋媚眼，企圖引誘男性。

21.
是男人犯的錯，還是女人惹的禍？

引言

女人穿著暴露，難道是為了討好自己？不就是為了
吸引男人的眼球嗎？這些女人就是利用男人的生理
弱點，來掩飾自己想被騷擾的春心！

夏天是風光明媚的季節，是屬於女人的。她們婀娜多
姿、風情萬種的身影，成了人們眼前亮麗的一道風景線。
為了酷，美女們身穿超短裙、熱褲、透視裝……在擁擠的
公共場所，露出胸前和背部一大片肉，從脖子到乳溝，從
肚臍到股溝，讓男人不看也不成，尷尬之餘，一雙眼睛真
的不知往何處擱才好。偷偷看吧，可能會被認為是色狼；
強忍著不看吧，又有可能被看成是「閹人」（太監），正
是「孫悟空照鏡——裡外不是人」！

**近年隨著社會風氣愈來愈開放，女人的衣著確是愈來
愈少，也愈來愈透視。不獨領口開得愈來愈低，裙子裁得
也愈來愈短。在褲腰經已低無可低之下，連內裡蕾絲三角
內褲也露出上半截來。別說內衣開始外穿，連內衣也開始
不穿了。為的是什麼？就是要讓男人看，叫他們看得目瞪**

口呆，口水兼鼻血直流！我們不禁要問，女人穿成這個樣子，是否想給男人暗示「你們別客氣，要看就隨便吧！」女人愛露，男人當然愛看，甚至還會出動「鹹豬手」來「助興」。故借此奉勸一句：別高估男人的自制能力，尤其是那些血氣方剛的臭小子！

過去女人穿吊帶衫、露臍裝經已很前衛了，可當下的女人卻千方百計地少穿，更流行起透視裝來，讓敏感部位若隱若現，似乎非如此不足以為時尚。她們認為只有這樣才是性感，才能讓男人「噴火」。說白了，女人穿得如斯暴露，不就是為了吸引男人的眼球嗎？那究竟是女人引誘男人，還是性騷擾男人呢？

女士們在公共場所穿「露背、低胸、超短裙」等暴露的衣服，對男人而言，不就是「你可以露，我便能看」這樣簡單的原則問題嗎？按邏輯推理，這不正好等同「我可以騷擾你，你不能騷擾我」麼？這不是什麼「男權思想」打壓，和自我禁錮的女權問題，而是個很簡單的「人與人」之間相互尊重的問題。作為時尚的女性要明白，女人「穿著暴露」，是對男人的一種「視覺騷擾」，會讓男人有某種誤會，誤認你是個很輕浮的女子。要知道，並非每個男人都是柳下惠，能坐懷不亂的。

誠然，有人會用現代社會文化潮流來解釋這一現象，認為這體現了女性的徹底解放；她們不僅被解放了，而且還衝到時尚的最前緣，更愈來愈前衛，不再忸怩作態。面對自己認為美好的東西，她們不再羞人答答、扭扭捏捏，

而是敢於大大方方地露出來，不啻是一種美的展示。不過，只要我們設想一下，如果所有的女性都袒胸露乳、亮臀露毛，她們還有什麼神秘感可言？女人要展現美麗，還是該含蓄一點，好好掌握一個合乎情理的「尺度」。

對部分追趕時尚的女士而言，「露」，好像就是性感，「露」似乎就是潮流！可心理學家卻認為，要露也要分場合。在大街上衣著暴露，招搖過市，潛意識或許是為了吸引別人的注意，其實是內心一種欠缺自信的表現，況且衣著暴露，也有招致性騷擾的必然因果關係。事實上，「性感」跟「色情」只是一線之隔而已。

一般而言，「性感」指的是一個人的文化氣質、身材、樣貌、穿著、打扮或舉止，整體上予人一種感性意識和認知的魅力美和親和力，也能引起他人愛戀的感覺。此外，還包括一股極具個性、能夠吸引別人的個人魅力，以及擁有可以展現內在和自身優勢的智慧。而「色情」則是指能挑起或激發起性慾的東西。這個詞彙原指「色慾」、「情慾」，後來給引申為透過文字、視覺、語言描述、裸露身體性器官、性交或跟性有關的形象，使受眾產生性興奮的事物。

另據百度百科的解釋，「情色」和「色情」兩者是有分別的。主要區別在於：

1. 意思不同——情色指具有性意味的描繪。色情是指能挑起或激發起性慾的東西；

2. 目的作用不同——情色未必是以引起感官功能刺激為目的，有時是以性來表達一些概念，如哲學、藝術的概念，或借助描寫與性相關的內容去反映社會等。色情則以刺激受眾的性慾為主要目的；

3. 作品意義不同——情色作品逐漸被各國主流文化接受。在我國，情色被認為是一種藝術。色情作品含貶義，尤指那些被法律所禁止的色情圖片和作品。

為了避免給人胡亂扣上「賣弄色情」的帽子，女士們就得要費點心思，考慮什麼場合該穿什麼衣服。譬如，在公車這些公共交通工具上，就不適宜穿暴露的衣著，尤其是一些透視裝，會輕易讓人想入非非，對男性造成視覺騷擾。況且，所謂「我可以騷，你不能擾」，只不過是自我催眠，一種似是而非、一廂情願的想法。你不挑釁別人，也就不會引起別人的歪念，自然也就能保證自身的安全。

女人跟男人很不一樣，她們展現自我的意欲特別強烈，尤其是那些自認漂亮的女人更是如此。這些女人自視甚高，也極度自戀，把自己看作是一隻活在人間的天鵝，美艷得不可方物，非常渴望能展現自己的美，以至急切地想炫耀自己。在她們眼中，自己美得不食人間煙火，身邊全是俗不可耐的人和物，只有自己才是超凡入聖。加上她們自認「我的身體我做主，跟別人沒半點關係。我穿得再少，也是我自己的事。我露胸，露大腿，是我的自由，我沒有妨礙任何人，你們看不順眼可以不看，受不了誘惑是你們的事，我沒逼你們看，我就是喜歡這樣子……」

在女人頻頻抱怨，說遭到色狼性騷擾，或遭到色魔性侵的同時，是不是該照照鏡子，看看自己誘人的肉體，身上的布料究竟遮蓋了多少面積？在自己被騷擾之前，是不是該問問自己，是否已先騷擾了男人的眼睛？筆者這樣講，並非在幫男人說話，也並非將責任完全歸咎於女人，只想表達一個觀點：尊重是雙方的，女人一定要明白，暴露不一定就是美，而且並不是每個女人的暴露，都會產生美的效果。

無可否認，有些人穿得暴露一點，的確會產生一定的美感，這是穿衣的藝術，很個人，要仿效也仿效不來。相反，有些人的暴露卻只能招來狂蜂浪蝶，落得一個自取其辱的下場。如果你真想「請君騷擾」，那你的膽子就該再大一點……如果想避免男人騷擾，就請你從「穿好衣服」做起！否則不僅是對別人不尊重，也是對自己不尊重！

同一話題，我們換個思維，從男性的角度來說吧。夏日炎炎，女士過足了暴露癮，可男士卻受盡了委屈和折磨。走在路上，滿眼盡是白花花的酥胸和脹鼓鼓的美臀。要是多看一眼，準會被罵作色狼，靠近一點會被斥責為性騷擾。「性」本來就是一頭惡魔，人的定力各有不同，這跟個人素質、學歷高低無關，世上的男人還是凡夫俗子的居多，我們不能要求每個都有自控的定力。

女人最愛先行假設的是，男人都是色狼，皆因男人慣用下半身來思考，他們看到漂亮的女人就會產生性反應，全沒一個是好東西！但女士們可有想過，為什麼男人看見

極度暴露的女人會有性衝動？難道男人的下半身，從來就是一直處於勃起的性衝動狀態？答案當然不是，那責任該誰負？

社會開放不代表女人可以不用矜持，適當的開放是好的，但凡事總得有個限度。要知道，在公共場所裡，一個人的著裝打扮，都在透露著有關這個人的信息，例如家中教養水平如何、受過的是什麼教育程度、從事的是什麼樣的工作等等。女士們也該注意一下自己的形象，如果你穿得太暴露，很可能會被別人認為你是個風塵女子，也很容易被認為你別有用心，企圖在勾引他人。

一般敢於暴露的女性，多是文化素質不高的單身女孩或女士。她們內心空虛，缺乏自信，缺乏親人的關愛。這些有暴露狂傾向的女人，目的只是為了吸引異性，來證明自己的存在價值。她們暴露的程度有時簡直叫人吃驚，連部分的乳房和私處都外露了，以至讓跟前的所有女性都接受不了而感到丟臉，更別說身旁的其他男人了，以至不敢多看一眼。要是色迷迷地注視她的人，是個樣貌猥瑣的男人，她準會感到反感和厭惡，這時定會口出惡言，更揚言非要報警不可。

穿著極度暴露的女人常有一種目空一切的心理，實際上是潛意識的性張揚，一種心理的扭曲，也是一種心理障礙。在社交層面上，「女為悅己者容」，不單是禮節，也是禮儀。女人無論是否長得漂亮，愛美是天性。可她們為誰而暴露，為什麼要暴露，可能連她們自己也說不清楚。

在她們的集體潛意識裡，她們期望的是男人的某種青睞，目的只是要不斷的給自己證明，自己的確擁有過人的美貌和身段。

女性穿著露一點沒什麼問題，但露出百分之八十的身軀就肯定超出常規了。露背太多也不好，有時因毛囊閉塞，出現灌膿，又或因皮膚敏感，出現痱子，黑痣、蚊子咬過的印記等，都暴露在人前眼底，不但起不到吸引異性的注視，反讓旁觀者產生厭惡感。你既然穿著暴露，那就不該反對別人看吧。朦朧之美才是真美，男人實際喜歡的，是淑女型的女子，也就是含蓄、嫻淑。穿著暴露的女人會讓男人以為此女有精神病，會放心讓她成為他孩子的媽媽嗎？

女人暴露其實也算是一種瞎折騰，沒有任何價值和意義。別總以為男人都在看你，他們感到惡心的成分大於實質的欣賞。說句心底話，男人對衣著暴露的女人，多存鄙視和排斥心態，他們會感到受了屈辱。穿著暴露的女人，更容易在男人心裡造成不良印象，覺得對方是來路不正不經的壞女人。有些女人失戀後，反而更加暴露，是一種報復心理在作祟。

有些女人穿的裙子超短，時間久了，習慣成自然，私密處有時會不經意的給露了出來，自己還不察覺，正是貽笑大方。這絕不是美，是一種不檢點，一種失儀。一個正常的女士該有自己正確的審美觀、價值觀和羞恥感。如果連最基本的自尊也沒有，也就是完全羞辱了自己。自己穿得暴露，還怪男人看，這是不合常理的，你怎能反說是人家騷擾你呢？

22.
女人衣著暴露有「自戀狂」傾向？

引 言

假如有一天地球上忽然間全部男人都消失了，只剩下女人，她們仍會如常化妝和打扮，因為女人除了異性戀外，還會自戀，高跟鞋和口紅永遠都能派上用場！

提起自戀，不得不講一個古希臘神話故事。話說俊俏小伙子納西索斯（Narcissus），有一天在湖邊意外發現了另一名美少年，卻不曉得那是他自己的倒影。為了向對方求愛，他不停不竭的在湖中尋找，最終溺水而亡，死後化身為水仙花。後世的西方學者遂將這種自戀成疾的現象稱為 Narcissism，即「自戀狂」。水仙花的英文為 Narcissus，來自納西索斯的名字。

話休絮煩，還是言歸正傳。每年夏天一到，在繁華熱鬧的街頭，或擁擠的公車車廂內，我們總不難看到露胸、露背、露大腿的美女。一些肩膀繫著吊帶背心的小妹妹，硬把小蠻腰和肚臍眼露出來，就是要你非看不可！更誇張的是，很多女人穿低腰褲、魚網襪，短到不能再短的迷你裙……在人群中左穿右插。她們要露多少就露多少，就是怕你不行注目禮！

從古至今，我們發現女人愈穿愈少。有人說這是一種文明社會的體現，也有人說這是女性愈來愈開放的表徵。但無論你怎樣看，女人衣著暴露確是一個不可逆轉的趨勢。有人大膽的預言，再過 50 年，女人可能會爭相上身完全赤裸地上街，並視之為時尚。筆者覺得這絕非危言聳聽，屆時女人可能會真的裸露全身也說不定。可不是嗎？50 年前有女人敢穿露臍裝、低腰褲頭的褲子，刻意露出屁股溝和透視型蕾絲內褲嗎？

　　女人的打扮，完全是衝著男人的目光而來的。一部分女性傾向於穿的短褲愈來愈短、領口愈開愈低、乳溝愈露愈深，只求凸顯出自己的豐乳、肥臀、纖腰、大腿。穿著清涼，本是無可厚非，主因在於大多數人只是為了展示個人體形美。只可惜，這個一廂情願的想法，卻往往被解讀是刻意顯露自己的原始性慾，將「穿著暴露」跟「勾引男人」劃上了等號。這種慣性的頑固刻板印象，跟遠古原始人類並無二致。

　　衣服本來就是原始人用來遮擋及保護生殖器的部位，跟什麼羞恥心無關，只不過是文明給衣服加添了不一樣的意義和內涵。現時很多服裝品牌，都會拍廣告宣傳，有的刻意讓模特兒穿得很暴露，宣揚這就是美，從而誤導了女性，以至她們能夠穿少一點，就穿少一點；能夠多露一點，就多露一點。一言以蔽之，男人喜歡看什麼，女人就露什麼！這正是「女為悅己者容」的最佳演繹。

　　要知道，穿衣風格是一種非常重要的信息表達方式。

例如我們去參加面試時會穿著端正整齊、參加宴會時會穿上禮服或西裝、跟情人約會時可能穿著較為性感等，居家時則會比較隨意。人們是會根據不同場合來決定自己的穿著，可見衣著本身是有講究的。相反，衣著暴露卻是一種性誘惑、性吸引的暗示，容易喚起男生的性興奮和性激情。雖然大部分穿著暴露的女生，目的只是為求清涼爽快，但只怕在遇到色狼時，後果卻往往並非自己所願見！

現今社會，本質上仍以男權為核心，女性在打扮上，傾向於將自己塑造成男人喜歡看到的樣子，這是可以理解的。女人穿得多、穿得少，跟她的品德、道德水平無關。女人如何打扮，取決於她個人的心態，關鍵是她想旁人怎樣欣賞她而已。她的心理其實很簡單，就是要盡量展示自己的體形美，來贏取他人的讚賞。她更在意的是同性艷羨兼嫉妒的眼光，從而滿足她的虛榮心和自豪感。

在男人看來，女人最美的地方是她的身段，也就是她身上玲瓏浮突、凹凸有致的曲線。這是她與生俱來、出自娘胎，可以展現人前，而成眾人目光的焦點，既被人讚嘆、惹人垂涎、牽人魂魄，又讓人回味，這有什麼不好，何樂而不為呢？從審美的角度來看，女人比男人更具美感和欣賞價值。女人的美是多彩多姿、千變萬化的，集性感、甜美、知性、冷艷、明麗、空靈於一身，這些特質能同時出現，且無縫切換。換了是男生，會是多麼缺乏美感、無聊兼乏味！

女人為什麼穿得少，原因很簡單，就是想給男人看。

很多人以為女人都很害羞，但只要我們在大街上走一走，就能發現女性的確比男性穿得少。女性的衣服不但比男性的較透視，短褲也比男性的短。女人可以露臍，男人卻不屑這麼做。不是說他們不能或不敢，而是覺得沒此必要，可見女人露臍，是刻意而為之。在穿著方面，女性的確要比男性膽大得多，這亦足以證明女生很愛出位。

另一方面，稍具姿色的年輕女子都有自戀的傾向，喜歡拍照，更喜歡照鏡子。經常自拍的女人，表示沒有男人侍從在側，隨時聽候差遣為她服務，是以只能自拍。喜歡自拍的女人，又經常把自拍的個人照片上傳至網上，背後的動機和心態，其實也就是一種變相的自我暴露。

女人衣著暴露究竟是個什麼樣的心理呢？在一年四季裡頭，女人最喜歡的季節莫過於春季後期、整個夏季，以至秋季前期。原因很簡單，能夠穿上漂亮的衣服，彰顯自己美好身段的，就只有那些日子了。很多女人，在春暖花開之後，就再也不願把自己美好的身材裹得密密實實，於是便急不及待的穿上超短的裙子或短衣短褲，就是為了要釋放自己在冬天時不能「曬美」的那種郁悶心情，這無疑是女人一種愛美的天性使然。倘在感情上得不到另一半的重視，或婚姻生活方面遇上不順意，時間一久，一些女人便想通過穿著來獲得外面男人的「重點關注」，讓自己感覺良好，從而得到自我肯定。

一個衣裝暴露、打扮性感的女人，所傳達給旁人的信息是方方面面的。她可能正在告訴你，她希望你覺得她很

性感、美艷，或讚美她的妖嬈身材。她更可能希望你對她的時尚觸覺和靈敏度表示欽佩，又或以讚許的眼光，來注視她穿在身上的超迷你短裙和小肚兜，證明她有超乎常人的膽識和勇氣。

無論是男人女人，幾乎都一致認為女生穿著暴露，就是品位低下的人，才會藉此作出性暗示，故意招惹「鹹豬手」。這種偏見就像指責那些攜帶鉅款，或手戴鑽戒、名錶而遭搶劫的受害者，怪他們缺乏自知之明和判斷力一樣。在某程度上，女人出格的打扮，可能只想藉此來展現她們的獨特個性，就像小部分的男人，他們上健身會所，只為練就一身肌肉來「秀」一樣，又或駕駛高檔跑車在街上狂飆，只是為了引人注目，裝酷而已。

不過也有人認為，女人搔首弄姿、招搖過市，就是為了讓男人多看幾眼。可事實上，情況並非這麼簡單！說起來，女人真的是一種很奇怪的動物。女人想讓人看，又不願意讓人多看，真的很矛盾！夏天女人穿得那麼少，身體又如斯的暴露，要是男人多看她幾眼，定會惹得她柳眉倒豎、杏眼圓睜的暗罵幾句。

但凡穿衣打扮暴露的女人，大多是正值青春少艾或熟女階段。她們難免會想到，女人一生青春只有那幾年，能漂亮多少日子？要是此時不露，更待何時？難道要等到三四十歲，有了孩子，才來露麼？別說屆時是否還有本錢來露，也是未知之數，即便有，在孩子跟前，也不適宜做這等事。就算興之所至，露出多少，也會招來風言風語。

故此，在人生最美時段，趁機展現一下自己美麗的胴體，也該不負青春了吧，若非如此，可能永遠沒機會了。許多小姑獨處的女人，也就是同一個調調！

不同年齡層的女人，自然有不同的心理訴求。一般來說，十五、六歲的小妹妹，衣著不會穿得少，也不敢穿得過於暴露，怕的是會惹來父母的「過度關切」，以至帶來不便。一般有心要「露」的女孩子，跟三幾個朋輩外出時，離家前定必「刻意的」穿得端莊，可到了外頭，她外衣底下究竟穿了些什麼，只有她自己才知道！

30歲打後，女人倒不會穿得那麼「出位」。只有在18至28歲之間的女人，才會穿得暴露，因為這時正是女人從青春美少女邁向身心成熟之期。她們這時心裡有一種渴求，想要結識男友，進而成家立室，生兒育女。身處這一階段的女人，很想吸引異性的注意，以至盡量找機會去展現自己的美。要怎樣做才可邁出第一步？那就是好好的妝扮自己，同時穿得少一點，以便把男人的眼球，盡量吸引過來，為談情說愛提供機會。

女人的心思一向很縝密，很難讓男人猜透，可女人穿的衣服卻最能透露她們的心思。對女生穿什麼類型和顏色的衣服上街，人們大多只關注她們穿得好看不好看，往往忽略了衣服當中暗藏的玄機。對男人來說，選擇女伴應從她如何展示自身開始。一旦讀懂了她衣裝中隱藏的「情感密語」，男人便能更好地判斷對方傳遞出來的信號，是暗戀、是喜歡、還是想勾引自己。

女人穿著迷人的束腰裝或裙子，大多意味著她想向心儀的男生展示自己美麗、嬌柔且充滿風情的一面。女性的曲線主要體現在其腰臀比上，要讓楊柳般纖腰強烈吸引著男人的目光，在某種程度上取決於她當天體內的雌激素水平。是以喜歡凸顯自己腰臀的女士，無意間傳遞出的一個信息是——我想「愛愛」！

衣著暴露的女人分兩種，一種是穿得暴露，卻喜歡讓男人多看幾眼。另一種是自己執意要穿得暴露，卻怪男人看多一眼。女人這麼極端，可見心理多麼不平衡！不過，只有具備妖嬈身材的女人，才恨不得天天拋頭露面的去展示自己。這些穿得暴露的女人，不僅有天使般的臉蛋，還有魔鬼般的身材。至於那些不入流的女人，她們會穿得暴露嗎？當然不會，只有集美貌與身材於一身的女人，才會如此打扮，就是要讓身旁的同性羨慕兼嫉妒！

女人精心的打扮自己，確定衣領、裙子開衩的高度，服裝的貼身程度，飾物是否配搭得體，頭髮和妝容是否優雅大方，其所露、所藏之處，都是暗藏玄機。可見女人穿得漂亮，純粹是本能慾望。女人穿得少，我們犯不著用批判的眼光來看她們。女人穿得多，是一種含蓄美。女人要是穿得少了，換個角度來看，就當是一道亮麗的風景線，是大自然的傑作吧。作為男人，喜歡看就多看幾眼，不喜歡看，就把頭別過去，正是「見怪不怪，其怪自敗」。

23.
衣著暴露與裙底偷拍，孰因孰果？

引　言

近年來，衣服的保護性功能開始減弱，以至大街小巷隨處可見幾近半裸的女人。很明顯，人們不再以裸露為恥，衣服因而成了半遮半掩、欲拒還迎的障眼物。

　　人類在進化過程中，發現隨著體毛大面積的消失，身體跟大自然的接觸面愈來愈大，與野獸搏鬥時更易受傷，拿衣服來蔽體就顯得有其必要。可衣服的出現，反讓人們對「酷美」的意識慢慢的給衍生出來。具「遮羞」作用的衣服，至今反淪為一種約定俗成，被人們所默認的一種「社會符號」，用來區分性別、年齡、社會地位和職業的標誌。

　　近年歐美出現一股「去衣服化」的「復古風」，且逐漸靠向「遮羞」的反方向發展，尤其是女裝，整體的演化為暴露大腿、突出胸部、收緊腰圍，讓臀部翹起。如此一來，原本的遮羞布，反成了時裝。意想不到的是，女人竟爭相效尤，穿起來招搖過市。這種表現看來是文明社會的畸形發展，凸顯出人性倒退，要回歸「動物性」這條舊路，即生物學家所謂的「返祖現象」[註1]。

今天，愈來愈多的女人喜歡裸露，有些女人的確裸得很艷，很俗，很沒品位。女性天生具有比較強烈的虛榮心，尤其在夏天，她們喜歡打扮得性感迷人，大膽地展露大長腿和小蠻腰，另挺胸、翹臀、露膀。難道她們真的只為了貪圖丁點的涼快？她們這樣的打扮，看來並非隨意，而是率性為之，拿來穿給男人看，企圖用肉體、美色、性感來挑戰男性的自制力。

由於男女有別，加上異性之間天生的互相吸引，女人穿衣必須適當地暴露，才能體現出她們的艷美。如果沒男人的存在，恐怕女人也就沒暴露的興致了。正因她們暴露的部位，都是男人眼球的聚焦點，結果近年來女人穿的衣服面積愈來愈少，布料也愈來愈薄，裙子愈來愈短，褲子愈來愈窄，腰位更愈來愈低，臀部給圍得愈來愈貼身。而下體給熱褲包裹得緊緊的，即使私密處露出駱駝蹄形狀也毫不在乎。這全是為了凸顯女性的性表徵。

從前女生穿起窄身褲，不意的讓下體露出其駱駝蹄狀，會自覺是件尷尬得很的事。可最近卻有商人特意推出「駱駝蹄內褲」，其褲檔由矽氧樹脂製成，穿上後會讓陰部公然呈現駱駝蹄在人眼前，反吸引女生覺得很「潮」，以至爭相當時髦來穿著，拿來炫耀她們的私處。可見衣物只要露得夠巧妙，露得夠誘惑，露得夠性感就行了！

同樣，愈露愈深的乳溝和股溝，就是為了凸顯女人的身材和曲線。我們走在街上，到處可以看見沒穿內衣，「真空上陣」的女人，她們露出大半個乳房或大半個屁股。有

些女人露得更猖獗，簡直穿不穿都沒什麼分別，這時給引來的，恐怕是一些男人偷窺的病態行為了。

為了偷窺，一些男人想盡辦法，簡直「無孔不入」，這種人自然成了活脫脫的偷窺狂。隨著科技的發展，攝像頭就成了他們的秘密武器。這種行為的滋長，「衣服」恐怕難辭其咎。另外還有一個原因，那就是傳統思想給女性蒙上的一層「神秘」面紗，當然也離不開「衣服」這個罪魁禍首！

既怕男人性騷擾，那為何一些女人偏要穿得那麼誇張？這豈不是「明知山有虎，偏向虎山行」？她們到底有什麼動機？首先，她們就是要把異性的目光吸引過來，給自己一個肯定，證明自己很有魅力，這是很多女生心中的一個「死穴」。因為只有露，才能引起別人的注目，特別是男人的眼球。要是有男人投來色迷迷的眼光，並能博得他們不少的回頭率，自然免不了會樂在心頭，暗自竊喜好半天！是以女人願意花大量的精力、金錢和時間在化妝和穿衣上，不但無怨無悔，更不以此為苦。

這年頭，在社會倫理淪喪和社會規範失焦的情況下，有關裙底偷拍事件頻發，幾乎無日無之。在大部分人心目中，偷拍者多是學識少、素質低的人。但事實上，犯案者不分背景，高學歷者也被捲入這類事件之中，包括大學博士生、休班警員、已婚教師……據香港警方資料顯示，偷拍猥褻照片舉報數字近年有上升趨勢[註2]。

如今，便捷的科技裝置和漸趨成熟的技術條件，讓個人隱私幾乎無所遁形。一般裙底偷拍者大多是業餘「發燒友」，算不上心理變態的病患者，更多的是上了癮的一種狀態。成癮者經常會感到一種無形壓力，導致抑鬱和焦慮，會嘗試用各種方法去減壓，例如開快車、賭博、吸毒、酗酒或某些犯罪行為；底裙偷拍便是其中一種。

他們偷拍的主要動機是：

1. **互相炫耀「戰果」，普遍心態是「我拍到別人拍不到的部位」；**

2. **累積成果、收藏、分享，當中包括女性的身體部位、內褲，甚至性器官；**

3. **引發遐想及性刺激。**

有關第一類偷拍成癮者，他們最相似的地方，就是覺得非這樣做不足以給他們帶來成就感，故一有空便四出偵察，尋找對象來滿足自己，更挖空心思如何將拍攝工具收藏得非常隱蔽。

他們大致上又可分為以下幾類：第一類是偷窺狂，他們以偷拍裙底來滿足自己的心癮；第二類是那些專門偷拍裙底照片來賣給某些色情網站，以換取金錢。第三類是通過偷拍目標女性，以此作為要脅，以求達到不可告人的卑劣目的。在偷拍過程中，他們會感到異常興奮。所得的快感，部分源於掌控了「受害人不知被拍了些什麼」，感到擁有對方最不願被人知道的秘密。

此外，偷拍者完事之後可以回味，在檢視自己的「戰利品」時，也變相具減壓作用，甚至可能會令他們產生性衝動。透過重複觀看自己「蒐集」得來的相片或攝錄片段，特別是受害人那些身體私密之處，偷拍者心中會泛起一份自豪感，覺得自己能人所不能。若是拍到難度高卻效果絕妙的「作品」時，更自認是一流高手，那份快感和自豪感，也只有他們自己才能體會。部分偷拍狂更著迷於拍攝女性的腿部，他們大多是「戀腳癖」的一群。加上每位女性的腿型不同，修長程度也各異，所以他們樂於互相討論、分享、交換、收藏、比較。

或許有些人會不明所以，在網絡文化如斯發達的今天，互聯網上已有大量性感相片，什麼樣式、部位都齊備，何苦還要自己冒險偷拍？要知道的是，網上的圖片只是供人觀賞，缺乏自己參與其中。自己偷拍，正是身體力行，過程中深具刺激性。此外，偷拍等同偷窺，加上每個人都有自己的心癮，也就是偷拍者只是對女性身體某些部位有所迷戀。當他們一人獨處，私下靜靜觀賞自己的佳作時，當然自得其樂了。

是以有人在網上發放一張裙底照片，或公佈一段肉帛相見的視頻，去洩露他人隱私的行為時，儼然成就了他一種「看我多牛」的證明，構成他匯聚網絡上「登高一呼，應者雲集」式的滿足感和虛榮心。所以他們樂於互相討論、分享、交換收藏、比較。至於那些被他們傷害了的受害人，大多不知道給人偷拍了裙底春光，而成了「網紅」，以至更不知檢點，一直在錯的道路上走下去。

或許有人會認為，只是偷拍了幾張女人裙底下穿或不穿內褲的相片，上傳給同好者分享，該不會有什麼嚴重的後果吧？那你錯了，後果可以是非常嚴重的，因為偷拍者將鏡頭對準女性的胸部、下體，窺伺女性更衣、洗浴、如廁的畫面時，在鏡頭下將女性物化為可以任意意淫與侵犯的物品，就是觸犯了嚴重的罪行，是會被起訴及判刑的。

侵犯隱私、窺探隱私等情事，在過往被當作是一種刺激、好玩的自娛方式，其惡果早已昭彰。對於以偷拍、偷窺等形式，去侵犯他人隱私權的例子，在日常生活中，舉不勝舉，最常見的是「狗仔隊」偷拍明星的私生活。在國際網路時代，保護女性隱私已經成為了極待解決的問題。

要防止被偷拍，最好不要穿過於暴露的衣著，盡量選擇私密部位給密實包裹著的服裝。有句俗語叫「蒼蠅不叮無縫的蛋」，說明那些偷拍者的目標，往往就是那些穿著暴露的女生，所以出門時，盡量不要穿得太誇張。若濃妝艷抹，又穿超短裙，一定會引起別人的注意。你打扮成那個樣子，本身已是一種暗示。透過你的穿著，別人就會誤會你是一個怎樣的人。

「羞恥心」是一種社會性的情緒，因察覺自身與社會常態的不一致，而產生的負面感受。女性之所以會因為內褲與胸罩被看見而感到羞恥，是因為社會賦予女性這種觀念，如胸圍肩帶不能露出來、穿短裙要穿安全褲以避免內褲被看到。這些貼身衣物一向被認為是女性生殖器官的延伸，所以不能見光，被看見即等同個人人格和體面受損。

衣服的發展軌跡，顯示人類文明的不同發展階段。如果向前看，女裝衣服繼續向「愈來愈少」邁進，又或以凸顯女性性器官特色的方向發展，人類必定走向墮落。古羅馬帝國和中國歷代皇朝的覆亡，便足以證明。較樂觀的推測是，人類文明在出現短暫的錯亂之後，又會自行修正，開始回歸文明和正軌。到那時，衣服又會回到「符號化」這層面來，更多的可能是用來展現個人的個性和風格。

或許，說不定在不遠的將來，服裝設計師的靈感會受到新的啟示，設計出一種服裝，只遮掩非性感部位，卻誇大暴露性感部位。這種設計會因人而異，比如某女士胸前具有傲人的雙峰，那乳房周圍部位要遮掩，以便把雙峰托起；又比如某女士的臀部渾圓翹起，那就刻意顯露全部或一部分。不過，要提防的是，屆時男人看多了，反覺平平無奇，再引不起他們的「性趣」了，那豈不更糟！

（註 1）「返祖現象」是指有些生物個體偶然出現了祖先某些原有的特徵。在人類方面，偶然會有短尾的孩子、長毛的人、多乳頭的女子等，表明人類的祖先可能是有尾的、長毛的、多乳頭的動物。

（註 2）根據 2020 年公佈的數字，其中偷拍裙底「黑點」港鐵範圍，每月平均有九宗，比前一年平均每月六宗高出五成。至於沒給舉報的個案數字，恐怕當在倍數以上！

24.
「衣著暴露」會否影響法庭判決？

引言
去酒吧的不一定是壞女孩，但好女孩從來不會去酒
吧。別說什麼工作壓力大，也別說為尋新鮮感，這些
全是藉口而已。唉，「女人原罪論」何時才能平息？

2018 年年底，愛爾蘭曾掀起一場聲勢浩大的「內褲運
動」。事情的起因是這樣的：

一名 27 歲男子性侵了一名 17 歲少女，她被該男子從
俱樂部裡給扯著走了出來，並在一條僻靜的路上給他姦污
了。有兩名目擊者曾看到他倆倒在地上，扭作一團，只見
該男子掐著她的脖子。其中一名目擊者曾上前向他倆查
詢，卻被男子吼了回去。

事件發生後，該名少女將男子告上法庭，罪名是「強
姦」。被告在庭上拒絕認罪，反說他倆是兩廂情願的。案
件的最終走向於是變成：少女到底是「自願的」，還是「非
自願的」性交。

審訊過程中，控辯雙方各執一詞。原告律師指出「原
告很清楚自己並不同意」，被告律師卻一口咬定「這根本

就是你情我願」。案件最棘手的地方在於，除了當事人雙方互相矛盾的證詞外，幾乎沒有什麼強而有力的證據，去證明誰是誰非。

審判一度陷入僵局，直到辯方律師當庭舉起案發時少女穿的同款內褲，並向陪審團說出以下幾句匪夷所思的話，「你們必須仔細看看她當時穿了什麼，她穿的是這條蕾絲花邊的丁字內褲！」他的潛台詞就是說「穿這款內褲的女孩，怎可能是清白無辜的？分明是她引誘了我的當事人，故此何來性侵一詞？」他還把受害人的抗拒，解釋為她「虛張聲勢、欲迎還拒」！

讓人大跌眼鏡的是，這個由四名女性和八名男性組成的陪審團，竟認同了被告律師的說辭。而那位辯方律師，同樣也是一名女性。

經過大約一個多小時的商討後，法官當庭宣判「被告無罪，強姦罪名不成立。」

至此，原告終於瞭解到整件事件是多麼的荒謬，對她是多麼的不公平。她遭被告侵犯了，更等了將近一年時間，才能向坐滿了陌生人的法庭上，披露整個恥辱事件的過程，還要面對一個極力將她描繪成蕩婦的卑劣律師，以及那個強暴了她的人所捏造的一派胡言！

宣判結果公佈後，整個愛爾蘭簡直給炸了鍋。婦女界自發性地組織了起來，在各大社交網站集體「曬出」自己的內褲，隔空聲援該名受害少女——「錯的不是你，更不

是內褲，而是那個強姦犯！」甚至連愛爾蘭眾議院，也對該事件展開了激烈的討論。

為了伸張正義，捍衛女性「穿內褲自由」的權利，有人把透視型的蕾絲花邊丁字褲豎起來上街遊行，並寫明「這不是同意」。有人在公眾地方塗鴉，畫上各款女性內褲圖形，並在每一款內褲下方，注明了「這並非性邀請」。還有人直接來到審判該案的法院，在大門口梯級上，擺滿了五顏六色的丁字褲，試圖以這個方式來宣示「無論我們穿了什麼，不同意就是不同意。穿什麼內褲是我們的自由，並不代表任誰都可以強暴我們！」

上述這些行動，顯然是人們對法庭不公的判決，作出一次強而有力的聲討，也是對「女性原罪論」一次有力的回擊。可從這次事件中，卻折射出一個嚴重的社會問題：為何女性受害者的穿著，竟成了引人犯罪的借口，以至每次有「鹹豬手」事件或性侵案件發生時，身為受害者反被聲討和責難？遭遇性騷擾或性侵時，為何大多數女性會選擇沉默？

一直以來，性暴力是個沉重的話題。這種沉重感不僅在於受害人當時身心所受到的傷害，事後更遭受社會輿論的凌辱，以至幾乎每一次性侵案發生後，受害人都可能會遭到以下類似的羞辱：

「你為什麼要脫掉鞋襪、裸露雙腳？我有權懷疑你是在引誘我的當事人，讓他想入非非！」

「你為什麼不反抗？我的意思是，你樂於接受他的擺佈，因為根本這事是你主動引發出來的！」

「你是一個漂亮動人的年輕女性，為什麼要獨自走路？尤其是還要走幽靜的小道？你根本就是蓄意為之！」

早些時候，兩名北愛爾蘭欖球球員被控在一個家庭聚會上，強姦了一名 19 歲的女子。在審訊過程中，原告人遭性侵的細節，來來回回的給盤問了整整八天，被告一直堅稱性交是雙方自願的。

案發當天原告穿的內褲，更在法庭上不斷的被傳閱。辯方律師還不時高舉內褲，問原告人「如果你不同意，為什麼沒尖叫？」

法庭最終認定雙方是出於自願發生性關係，被告無罪獲釋。一向以來，強姦罪很難被控方找到足夠的證據，來向法庭作出提控，更難將涉嫌犯繩之以法。例如早於兩年前，意大利一名遭指控強姦的男子被判無罪，同樣是受害人在事發時沒有尖叫。

幾年前，瑞典法院宣判了一名 27 歲的男子強姦一名 13 歲女孩的罪名不成立，理由是受害人「發育得太好」，長得不像 13 歲，被告男子「不可能」知道她的年齡。最離譜的是，辯方律師提出女孩同意發生性關係的證據乃「她準備好了選擇一個她喜歡的人來發生關係，而這人恰恰給她弄成了被告！」

近期意大利最高法院裁定，在強姦案中，如果受害人

在飲酒或吸毒情況下，嫌犯可以從輕發落。另一方面，辯方律師為嫌疑強姦犯脫罪的理由最常見的有：

1. 雙方當時喝了酒，是酒精讓雙方神智不清，糊裡糊塗發生了性關係；
2. 女方事後向男方為事件表示過歉意；
3. 女方當時穿的衣服具性挑逗；
4. 女方早已是非原璧之身，更曾跟多個男人上過床；
5. 女方如果不同意，為什麼當時沒有尖叫？

類似這種「受害者有罪」的羞辱，法庭上屢見不爽，很可能會讓很多被性侵的女性，以後不敢報案。是以從性騷擾到性侵，世界各地的報案率一向偏低；從立案到取證和判決，最終定罪的更少。有犯罪學系教授就曾援引一份調查報告說，沒被舉報的性侵案，比率是 7：1。也就是說，如果有一宗性侵案被揭露出來，背後有 7 宗不為人所知。

最常見的是，很多女性被性騷擾時，沒有選擇去反抗，而是選擇瑟縮一旁，默不作聲。為什麼大多數的女性都沒有選擇報警或抗爭呢？

女性遇到性侵或性騷擾後，寧願選擇息事寧人，原因無非以下幾點考慮：

一、根深蒂固的傳統觀念。這種不光彩的事情一旦宣揚開來，女性在以後的生活中免不了被人說三道四，指指點點；這件事不啻成了個人一生中的污點。假如事後再遭到報復，就更划不來了。

二、自我保護意識太差。像在地鐵或公交這種擁擠的公共場合，與男性距離貼得太近，好像是再正常不過的事，以至有些女性根本就沒把一些深具不良意識的行為或動作當作是性騷擾，又何來反抗呢？

　　三、很難掌握確鑿的證據。即便有法律作為後盾，也得有鐵證才行啊。可現在這個世道，要如何保存證據，也是一大難題。多少影視劇中重現的經典案例，都是因為沒有證據，而導致受害人的控告無疾而終。

　　假設一名女性真的不幸成了強姦案的受害人，案發時一定要在現場一直大喊，要讓別人聽到，但得同時想辦法保全自己的性命。案發後，切記要留下對方的 DNA（去氧核糖核酸），特別是對方的體液和精液，而不是回家立即洗澡和更換衣服。可別忘了，要是你穿了性感誘人的衣服，或喝了酒、吸食過毒品，以上這一切都有可能枉費心機了。

　　在法庭上眾多性侵案中，最常見的是辯方律師會從不同角度，提出各種刁鑽的假設性問題，要原告去回答，從而證明她是自願獻身的，包括她當時的穿著、是否喝了酒、為什麼不尖叫救命。其他更尖銳的問題，還可能涉及她個人私隱，包括她給被告性侵時是否仍是處女；如果答案是否定，那她上一次跟別人發生性關係是哪一天、在什麼地方和跟誰性交了等等。

　　法庭上，辯方很多時採取的戰略，就是為了去哄騙原告，讓她難以回憶當天晚上令人痛苦的部分細節，又或讓

原告難以回答一些模棱兩可的問題，或嘗試誘導受害人偏離主題，供詞從而顯得自相矛盾。令人煩厭得很的問題通常包括：

「你年紀多大了？你體重多少？你晚餐吃了些什麼？晚餐時有喝東西嗎？沒有？甚至沒有喝水？你什麼時候喝的？你喝了多少？你用什麼容器喝？誰給你飲料的？你平常會喝多少？誰載你去派對？幾點？具體是哪裡？你穿什麼衣服？你為什麼要去那個派對？你到了之後做了些什麼？你確定那麼做了嗎？但你是什麼時候做的……」

「你這時收到的這則簡訊是什麼意思？你跟誰在傳簡訊？你是什麼時候要上洗手間？你在哪裡尿尿？你和誰一起尿尿？你妹妹打電話來時，你的電話是處於靜音模式嗎？你記得你把它調成靜音了嗎？真的嗎？因為我要指出，在口供紙上你說手機是調到鈴聲模式的……」

「你讀大學時喝酒嗎？你說你以前常常參加派對？你曾經喝醉到失去意識多少次？你參加同學會的派對嗎？你跟男友是認真的嗎？你倆什麼時候開始交往？你跟他發生過性關係嗎？你是否有可能間中會偷腥？你曾背著男友獨自跟別人偷情嗎……」

「你記不記得你是幾點醒來的？你醒來時身上還穿著你的羊毛衫嗎？你的羊毛衫是什麼顏色的？那個晚上所發生過的事，你還記得些什麼？不記得了？好的，我們稍後再繼續……」

諸如此類的問題，就是辯方律師千方百計要令原告在法庭上難堪，讓她在陪審團面前無地自容，顯得她就是一個私生活隨便和行為不檢點的人。在這方面，前文所述的那位辯方律師，他的意圖就再明顯不過了。他要用盡各種卑劣手段，去把那名被性侵的少女擊倒，更要她的提告一敗塗地！在這過程中，她被對方狙擊了不知多少次。她尋求正義的每一步，都要付出沉重代價，更要毫無保留地完全暴露自己的私隱。

　　為了讓受害人感到羞辱和極度尷尬，造成「二度傷害」，辯方會在法庭上，向陪審團及法庭內的公眾人士，舉起受害者當時穿的一條性感得很的丁字蕾絲內褲，然後振振有詞的向陪審團說「原告就是穿起這條內褲的。」現場通常會是沉默一片……其實在女性穿衣這個話題上，國內和國外都會產生一些爭議，在極端情況下甚至可能影響法庭判決的結果。這場初審，原審法官就判了被告強姦罪名不成立，當庭釋放！

衣著暴露——女性原罪論

作者：	黎松齡
編輯：	青森文化編輯組
封面及內文設計：	4res
出版：	紅出版（青森文化）
	地址：香港灣仔道133號卓凌中心11樓
	出版計劃查詢電話：(852) 2540 7517
	電郵：editor@red-publish.com
	網址：http://www.red-publish.com
香港總經銷：	聯合新零售（香港）有限公司
台灣總經銷：	貿騰發賣股份有限公司
	地址：新北市中和區立德街136號6樓
	(886) 2-8227-5988
	http://www.namode.com
出版日期：	2023年2月
圖書分類：	兩性關係
ISBN：	978-988-8822-39-3
定價：	港幣85元正/ 新台幣340元正